歴史文化ライブラリー
393

武士の奉公 本音と建前

江戸時代の出世と処世術

高野信治

吉川弘文館

目　　次

1　戦功をあげられない武士たちの働く思い

戦功をあげられない武士たちの働く思い——プロローグ

なぜ働くのか

なぜ働くのかと問われれば、年齢、境遇やお国柄などにより、応答はさまざまだろう。生活の収入源を得るためというのが一般的だろうが、趣味や嗜好の実現のためにとりあえず稼ぐ人もいようし、趣味と実益を兼ねた仕事ができる幸せな方もいよう。また、会社や社会・国家に役立ちたいとの思いを秘めた人もいるかもしれない。しかし、そのような場合も含め、自分がこのようにしたいという目的（自己目的）が、働く大きな動機になっていようか。

経済大国としての日本の立場が揺らぎ始めて、すでに久しい時間が経ち、終身雇用は時代に逆行するものと捉えられるようになり、リストラ・首切り・追い出し部屋など、労働者に陰惨な環境も生まれている。しかし、現代人が働く意味の最大公約数は、およそそのようなものではあるまいか。つまり、自分の思い、それは自己実現、社会的役割の認識、家族扶養など多様であろうが、かかる自身の動機が、働く背景にあろう。

「一所懸命」と「一生懸命」

戦後日本の高度経済成長期、「働き蜂」という、サラリーマンを比喩《ひゆ》した言葉があった。彼らは会社の発展や日本経済繁栄ために、身を賭して働くイメージで捉えられた。だが、戦後の高度経済成長を支えてきた人びとであっても、そもそも会社や国という公的な組織のために働いていたのだろうか。かりにそうだとしても、そこに通底するのは、自分や家族への思いではないのか。

しかし、自己実現や生活の向上、給料の上昇（ベースアップ）には会社の業績があがる必要があり、そこには会社のためにという、自分や家族を犠牲にして働く意識も生じたろう。家族を持つ者には、一種の理不尽ささえ感じられる転勤なども経験し、単身赴任の働き手も増えていく。

そのような時期に武士道論が喧伝され、会社や日本経済のために懸命に働く意識の源流の一つに考えられた。江戸時代の武士たちが「御家《おいえ》」や主君のために命をかけて、文字どおり懸命に働く姿は、一種の日本人論としても語られてきた。そして、自分が開発した土地経営に全力を尽くすという、武士が発生した頃の価値観を表した「一所懸命《いっしょけんめい》」という言葉の原義は変容し、しばしば「一生懸命《いっしょうけんめい》」と誤記され、現代ではむしろこの「一生懸命」が一般化している。自分の命を懸けて事に当たるという意味だ。

ところでこの武士道論、いわば命がけで事に当たる価値観は、一種の潔さ、欲心・私心から離れた倫理観と結びつけて理解され、理想的な人間像としての武士のイメージをも作り出していった。

現代人の武士イメージ

なかには「眠狂四郎《ねむりきょうしろう》」のような、江戸時代に禁じられているキリシタン（父が宣教師）にルーツを持つ謎めいたニヒルで女性好きな使い手、という変化球もあるが、勧善《かんぜん》懲《ちょう》悪《あく》をテーマとする、時代小説、映画やテレビの時代劇ではさまざまな武士ヒーローが生み出された。「水戸黄門《みとこうもん》」は江戸時代にすでに創作され、最近まで繰り返し制作されてきたし、「机竜之介《つくえりゅうのすけ》」（小説『大菩薩峠』に登場する剣士）、「鞍馬天狗《くらまてんぐ》」（大佛次郎の時代小説の主人公）、「中村主水《なかむらもんど》」（テレビ時代劇の必殺シリーズの主人公）に加え、水戸黄門のように実在の人物に仮託された「暴れん坊将軍」（徳川吉宗《とくがわよしむね》）なども挙げられよう。

ＮＨＫの大河ドラマの主人公の多くは、平安末・鎌倉期から江戸期にかけての武士層で、とくに戦国期から江戸前期、幕末・維新期の動乱期の闘う武士（またそれを支える女性）

図１　映画「鞍馬天狗」のちらし（大正14年）

などが、さまざまな解釈も加えられつつ、やはり理想化され、描かれ続けている。ゲームソフトには、そのような戦闘者である武将たちを主人公にするものも多くあると聞く。

すでに武士階層が社会からなくなって一世紀半にもなるのに、武士たちは現代社会でもしっかりと生き続ける。それは強い戦闘者という精神を持ちながら、しかし、私心を捨て何かのために命を懸けて生きる、一種の理想的な日本人像、そのようなもののように感じられる。「侍ジャパン」（ワールドベースボールクラシック）、「侍ブルー」（サッカーワールドカップ）などのロゴは、現代日本人が、武士に仮託し創造した選手イメージ（スポーツマンシップにのっとりつつ日の丸を背負う戦闘者）かもしれない。

働き蜂のルーツを、江戸時代の「御家」・主君のために命懸けで働く武士に認める考え方が一般的だとすれば、それには修正が必要、というのが本書の立場である。

武士道と職業倫理

以下、明らかにするように、江戸時代の武士の建前は、「御家」（幕府もまた「御当家《ごとうけ》」という徳川「御家」の一つ）に「一生懸命」に仕える武士なのかもしれないが、「一所懸命」という観念は継承され、「私」が基本、つまり自立性（自らの裁量で生きる力）ないし自律性（自分で律する世界を持つ力）を兼ね備えながら、建前（組織原理）に包摂されつつも、それと迎合しながら、自分の価値観を大事にし、生き延びる武士たちの姿があった。

現代社会で武士道書として喧伝されるテキストをよく読めば、主君や「御家」に命を捧げることを標榜しつつ、実はいかに生きるのかを説いた内容であるのに気づく。「死」の指南書ではなく、「生」の指南書だ。武士にとって「生」というのは、組織（幕府・藩）から外れた武士（浪人・牢人）を除けば、当時の表現でいう「武家」にとって、その組織での「奉公」であった。組織に仕えない「浪人」と仕える「武家」を合わせたものが「武士」、これが通説的なイメージだろう。ただし、本書では、もっぱら組織に仕え「奉公」する「武家」のイメージで、「武士」と表現する。

このような武士たちにとって、「御家」の家中《かちゅう》社会のなか、いかに奉公するのかは難しい問題であり、武士道書は武士（ないし自分の「家」）としての名誉を守りながら、上下間の階層差もともなう複雑な人間関係のなか、どのように奉公するかの処世術を記したものとしても読める。

主君や組織への「奉公」が、命を捧げるのにその本質があるとすれば、商人・職人たちの雇用契約関係（労働に対し、それに見合う対価が支払われるが、命が取られるのは前提としない）とは異質であり、その意味では同じく主人の存在があっても、「職業」ではないという見方もできる。

また、武士の組織内での身分制（身分内格差）は、商人・職人の比ではなく、階層間の格差は歴然だった。たとえば家老《かろう》・中老《ちゅうろう》などの上層、馬廻《うままわり》・大組《おおくみ》・侍などの中層、徒《かち》・足軽などの武家奉公人も含む下層、このような階層がある（福岡藩の場合）。武家社会では、かかる階層間移動は著しく困難だった。

しかし他方で、近世の初め（豊臣期や江戸時代前期）、身分制ないし家格制（武士の家の格）の整備が不十分で、主君（将軍・大名）の意向が強く働いた時期には、必ずしも昇進（取り立て）は例外ではなかった。また、近世中・後期の身分制・家格制の秩序が固定化する段階では、家格外への身分移動は困難であったが、大きな社会変動にともない、むしろ人材登用《とうよう》の主張は高まる。また、階層内（同じ家格内）の昇進は認められていた。

江戸時代の武士社会では、昇進や降格などの身分移動、いわば〈人事〉はみられたし、彼らの大きな関心事でもあった。それは給禄《きゅうろく》や役得《やくとく》・利権など私的生活の経済性、そして名誉心・功名心や「家」のステータスにも関わるからだ。やがて武士・家中社会にも、独特の〈職業倫理〉が形成されることになろう。

奉公観・出世観からみた武士論

武士の職業倫理を考える上で、出世をめぐる実像検証は大事だが、なかなか難しい。将軍と主従関係を結ぶ階層、すなわち大名や幕臣《ばくしん》（旗《はた》本《もと》）については、集成記録（「寛政重修諸家譜《かんせいちょうしゅうしょかふ》」、旗本関係記録など）による研究があり、それなりの成果がある。これに対し、大名家・藩の家臣については、まとまった研究はほとんどない。そこで本書では、近世武士の奉公・出世観をみる立場から、江戸時代の武士の大半を占める大名家臣の出世の実体や意識の分析を課題の一つとし、近世武士の職業倫理、いわば〈奉公の本音〉を考えたい。

長崎の江戸中期の町人学者で、当該時代の社会を鋭く観察した西川如見《にしかわじょけん》は、農・工・商とともに大名家の家臣も「庶人《しょじん》」に組み入れている。西川如見は、将軍の直臣《じきしん》（幕臣）ではないという意味で、大名家臣を自分たちと同じ「庶人」として同一視したが、しかし「名」（名誉）を重んじるという意味では、「庶人」のなかでも特別な階層と考えていた。

本書では、大名家臣の奉公書・由緒書《ゆいしょがき》をはじめ、武士道書や随筆・日記など、実際に家臣やその関係者が記録したもの、さらに大名自身の言葉や藩政史料、なかんずく法制史料に表れる家臣人事の考え方や、読み込める実像などにも触れながら、近世武士の奉公観や出世問題を検証したい。

目指すのは、泰平（平和）な時代に、本来は戦闘者（武者）でありながら、もっぱら「役人」（行政官）として生きる、武士にとっての奉公の意味、立身出世《りっしんしゅっせ》に対する思い、つまりは武士はどのような思いで働いていたのかを考えたい。公的存在への命がけの奉仕者という建前をみつつ、近世以前から時代的に熟成され続けた「私」的な価値観が伏在する様子を、利権感覚や人間関係などへの配慮なども射程に入れてみてみたい。いうなれば、以上のような方法による近世武士論の試みでもある。

はたして、近世の武士たちは、会社や日本経済のため懸命に働いたという「働き蜂」の源流だろうか。むしろ、さまざまな制約（身分秩序や経済的困窮など）のなかで、周到な人間関係に配慮しつつ、時には規範逸脱もやりながら、自己（自分や家族、そして「家」）を軸に生きようとした、案外したたかな処世術を身につけた人びとなのかもしれない。そして、それは経済大国から転落し始めている現代社会において、私たち自身のあり方を見直すためにも、改めて注目される存在だろう。

本書では、秩序・制度やそれらを含めた社会変容のなか、近世武士の奉公・職業観をめぐり、いくつかの観点から例示・検証し、考察を試みたい。

主たるフィールドは、私が日頃みている西国の外様《とざま》大名になるが、家門・譜代《ふだい》など徳川系も含めた他藩、さらに幕臣の例なども先学の研究を参考に触れつつ、論を進めよう。

なお、本書での史料引用は一般読者も想定し、現代文翻案ないし読み下しとした。

家臣の立ち位置

江戸時代の武士・家臣

「一所懸命《いっしょけんめい》」という言葉は、土地（所領・領地）支配、そこに居住する人民支配を行なってきた武士たちの価値観、心性を表す。しかし、

「私」という価値観

現在の研究段階では、とくに中世史研究者から、武士の発生をめぐり、土地に関わりを持つというよりも、武士の殺傷技術に注目し、かかる専門技術に長《た》けた人びとが根源的な武士のルーツ、との考え方も提示されている。前者は有力農民を想定する領主制論、後者は殺生技術者を想定する芸能人論、などと総称される。

実際には、都から各地に派遣された国司《こくし》やその一族（軍事貴族と呼ばれる）が、地方で有力農民や殺傷技術（武芸）者を被官化《ひかん》（家来として主従関係を結ぶ）し、戦闘集団を形成、

そのような軍事組織（武士団）が都で王家（天皇家）・公家に仕える「サブラフ」（侍）者になる、とのイメージで捉えられており、史実としては複雑な過程があろうが、武士が地方の土地との関係性を有してきたのは、武士の属性として大事な点だろう。

それは、自分の姓が付された「名田《みょうでん》」であり、規模が大きくなれば、「大名田堵《だいみょうたと》」、やがてそれは、主従関係を結ぶ主人から恩給地として安堵《あんど》され「私領」化する。この私領を基盤に「大名」化し、守護大名→戦国大名→近世大名が生まれ、また、その家臣たちも領主（土地領主、私領主）としての地位、立場を中世から近世初めにかけ、戦闘者・専門技術者（芸能人）としての属性とともに持ち続けてきた。

この領主と戦闘者という二つの属性が武士の大事な基本で、それを支えてきたのは、「私」という価値観であった。領主は、自らの力量で名田にルーツする私領経営を行ない、戦闘者は自分や一族の名誉・功名、あるいは臆病者という「恥辱」「汚名」を受けないため、言い換えれば、「私」という価値観をもとに働く。かかる戦闘者自身が属する一族は、血縁を基軸にした「家」と呼ばれる社会組織である。

ただこれは、中国や朝鮮の実質的血統を重視する思想からは離れ、他姓からの養子相続などの擬制《ぎせい》的な血縁相続も許容されるので、それらと区別するために、日本の「家」を「イエ」と表現する場合もあるが、本書では、史料表現としては一般的な「家」と表現しておこう。

戦闘者個人の恥辱・汚名は、属する一族の「家」の「恥」にもなるのである。

「家」の相続

主従関係のもとにある家臣であっても、その武士が存在する基本は、このような「家」の相続である。「家」は家名《かめい》・家系・家産《かさん》の三要素を基本とする組織体で、家の名（家名）を継承（家系）し家の財産（家産）を相続する、そのような組織体だ。

武士の「家」成立は、領主化や専門技術の継承などの問題を考えれば、かなり早かったと考えられ、すでに鎌倉期には一般化していたようだ。庶民の場合の家の社会的成立は、江戸も中期以降といわれるので、武士のそれは随分とさかのぼる。言い換えれば、家相続の意識に基づく価値観は、時代的に熟成されてきたろう。

もっとも、江戸時代には私領主・土地領主としての立場に変化が生じ、年貢《ねんぐ》を直接に土地から徴集する純粋な領主の存在（地方取《じかたどり》・地方知行《じかたちぎよう》という）は減少し、幕府や大名家（藩）の蔵から米を支給される武士階層が増えた。蔵米取《くらまいどり》（蔵米知行《くらまいちぎよう》）と呼ばれるが、これとても形式的に知行地（村）が指定（所付《ところづけ》という）されており、武士にとって領地（私領）との関係が本質的に深く、蔵米取化ののちも、所付の村と長く関係を結ぶ（正月などの年中行事に際して、納米《おさめまい》などを村の百姓が持参）場合もあった。

しかし、江戸期の武士にあって、比率にすれば最も多数を占めるようになるのは、切米《きりまい》取《どり》・扶持取《ふちとり》（切扶取《きりふどり》）という、土地との関係をまったく有しない階層である。地方取や蔵米取など、土地との関係を有した武士階層が上・中級階層で多いのに対し、切扶取は下層階層に多く輩出された。彼らのなかには足軽《あしがる》・中間《ちゅうげん》など一代限りの武家奉公人《ぶけほうこうにん》と称される人びとも含まれ、禄高《ろくだか》（拝領高《はいりょうだか》。いわば給料）は低かった。それゆえに、農業や商業など別の業種を兼職する場合もあった。幕府や大名家（藩）は、原則それを認めなかったため（実際には江戸時代に兼職状況の武士はかなりいる）、彼らの生活は困窮した。

切扶取は、土地（知行地《ちぎょうち》）支配にはかかわらず、支給された米を換金して生計を立てるので、現代のサラリーマンに近い存在とされるが、上中級家臣に多い地方取・蔵米取も実質的に米支給であり、その意味でも、江戸時代の武士層が全般的にサラリーマン化したといえなくもない。むしろ注目すべきは、幕府や大名の財政窮乏のなかで、実質的な俸禄《ほうろく》支給高が減らされることで、支給高が半分になる「半知《はんち》」などの階層も増えた。

しかし、武士は相続する「家」の格式を重んじたため、容易に生活経済（いわば家計）

の規模を縮小できなかった。経済的に苦しくなった武士層は、「家」としての面子《めんつ》を守り、他方で生活防衛も図らねばならない。場合によっては、仕事での利権に走り、賄賂で昇進を目論見《もくろみ》、またそのような利権・賄賂に恵まれる役職就任を目指した。まさにそれは、「家」を守る「私」的な価値観が重視された結果であり、内実は生活・家族を支えるためであった。また、昇進コースに乗る乗れないにかかわらず、文化的活動の楽しみを享受する者もあった。

領主支配での恣意《しい》性を生み、また、賄賂・利権への執心につながる私的な価値観は、「公儀《こうぎ》」（公的権力）という立場である幕府や藩の組織からみれば、抑制すべき対象だが、その解消は、武士存在の否定にもつながりかねなかった。土地支配の形式性が江戸時代を通じて残され、賄賂・利権行為の抑制は、必ずしも十全なものではなかったようである。武士社会のもとであれば、武士自身やその「家」の名誉（の意地）にも関わる慣行の廃止は、そもそも想定外であったのかもしれない。

閉鎖社会か　もっぱら武士の出世を論じた研究は多くない。江戸時代末期、奥平中津《おくだいらなかつ》藩《はん》家臣であった福沢諭吉《ふくざわゆきち》は「下等武士は何等《なんら》の功績をあるも何等の才力を抱くも決して上等の席に昇進するを許さず」（『旧藩事情』）とみており、「中津は封建制度でチャント物を箱の中に詰めたように秩序が立っていて」先祖代々、家老から足軽にいたるまで、何年経っても少しの変化もなく、「父の生涯、四十五年のその間、封建制度に束縛せられて何事も出来ず、空《むな》しく不平を呑むんで世を去りたるこそ遺憾」であり、「私の為めに門閥《もんばつ》制度は親の敵《かたき》で御座《ござ》る」(『福翁自伝』)と喝破したのは有名である。このような見方は、現在にいたるまで有力だ。

高柳金芳氏は、戦国期の武士は立身出世は思いのままだが、泰平の世が続くと、それは門地《もんち》家柄に拘束されたとみる(高柳金芳『江戸時代御家人の生活』)。社会学者の橋爪大三郎氏は、家制度の確立で、家の増減もなく世襲《せしゅう》制だから、周囲への同調が大事で、個人主義的な生き方は主流にならないとし、事実上、人事昇進を否定する(橋爪大三郎『政治の教室』)。

武士世界に関心を持つ岬龍一郎氏も、一般的に世の中には、努力して出世したい人もいるが、逆に苦労をしてまで上昇したいと思わない人も多く、近世の武士は後者に近い。そのような、ある意味で気楽な生活ができたのは、「武士の社会が世襲制(地位・財産とも)で競争の原理というもの」がないからと指摘する(岬龍一郎『日本人の品格―新渡戸稲造の「武士道」に学ぶ―』)。

福沢の指摘は、いわば歴史学以外の人びとに広く受容されている。

また、江戸社会文化研究の第一人者・三田村鳶魚《みたむらえんぎょ》も武士の立身出世は難しく、それには格別な心がけが必要という（三田村鳶魚『三田村鳶魚全集』一三巻）。さらに、近世日本社会を外側からみる論者にも同様の見解がある。近世までは血筋よりも軍事的な業績と能力が重視される傾向が強かったが、近世にいたり、地位は流動性の少ない世襲制で、出世の可能性は限られる、というアメリカ在住の歴史社会学者の池上英子氏の見解（池上英子『名誉と順応』）や、近世になって儒教思想が社会に浸透するなか、上下身分秩序の観念が正当化され、下級武士の上昇可能性・社会的流動性は低くなった、というアレキサンダー・ベネット氏の見方も頷ける（アレキサンダー・ベネット『武士の精神（エトス）とその歩み』）。

流動社会か

だが、尾張《おわり》藩の「御手筒同心《おてづつどうしん》」の家出身の新見吉治《しんみきちじ》氏は福沢諭吉の主張に対し、「武士階級も新陳代謝が多かった」とし、足軽が代を重ねて給人《きゅうにん》まで進んだ者がある一方で、給人から足軽や庶民になった者もあったと指摘した（新見吉治『下級士族の研究』）。氏の見解は、武士の下降、没落を上昇とともに注目し、いわば人事の観点を導入したといえよう。かかる考えは、近年の歴史研究の一つの流れになっている。

近世の官僚制研究を実証的に推進した藤井譲治氏は、「職《しょく》」は本来は「御為第一《おんためだいいち》」、つまり主君の為であるものの、昇進をめぐる官僚制的秩序（「職」の長）と「御為」（将軍・藩主）の矛盾のなかに「昇進の世界」はあり（藤井譲治「幕藩官僚制の形成」）、「幕藩官僚制下での昇進制は、さまざまな制約を持ちつつも、彼らからエネルギーを引き出すことで、官僚制機構を生きた運動体たらしめる強力なテコであった」として、流動性の低い静止的社会とは別の動態的な時代像を提示した（藤井譲治『江戸時代の官僚制』）。これは、主として「寛政重修諸家譜」という幕臣《ばくしん》のデータに基づく研究である。

山本博文氏も、武士の出世の実例と意味づけを主に幕臣を中心に進め、家格で出世が制限されるポストと、能力で出世が可能なポストなどを区別した（山本博文『旗本たちの昇進競争』）。

また、『江戸幕府旗本人名事典』『寛政譜以降旗本家百科事典』などの事典類を編纂した小川恭一氏は、旗本《はたもと》家の定義および江戸時代の御家人《ごけにん》家から旗本家への昇進という現象をデータ化し、考察を加えた（小川恭一『徳川幕府の昇進制度』）。

一方、長い時間軸で武家政治や大名・家臣研究を重ねる笠谷和比古氏は、藩官僚制の行政組織は軍事組織を転化させたもので、軍事組織上の階統制に規定される側面が強かったが、それは機能的に運用され、主従の秩序が固定化した「イエモト」（家元）制に基づく組織ではないために、家臣の配置転換も昇進も身分序列に基づき、原理的に可能であったと指摘する（笠谷和比古『武家政治の源流と展開』）。

さらに、政治思想史方面から発言する渡辺浩氏は、「家」とその職業が強く結びつく家《か》職《しょく》国家だからこそ、家格の上昇をねらう競争心が潜《ひそ》み、とりわけ町人の世界では立身出世は公然といわれたとし、それは武士の出世意識の存在の可能性の示唆にもなろう（渡辺浩『日本政治思想史』）。

このように、近年の歴史研究の分野では、武士の昇進・出世の実像解明が、幕臣を軸に進められつつある状況といえる。

武士の思いを探る

しかし、最近、本書と同じ『歴史文化ライブラリー』で武士研究を上梓した森下徹氏は、藤井讓治氏をはじめとするかかる歴史研究者の動向に対し、改めて武士の出世・昇進という見解に、毛利萩藩の事例を検討して、格と職（「役座《やくざ》」）の対応に注目し、「藩の機構とは「家格や身分に縛られた閉鎖的なものであった」ことにこそ特徴があった」と強調する。福沢の思いを改めて評価した成果といえよう（森下徹『武士という身分』）。

本書は、近代の士族《しぞく》にみられた立身出世という動向（E・H・キンモンス、広田照幸訳『立身出世の社会史―サムライからサラリーマンへ―』、園田英弘・浜名篤・広田照幸『士族の歴史社会学的研究―武士の近代―』など）の原形は、数百年続いた武士社会、とりわけ武士が主たる行政役人に就役した江戸時代に求めるのが可能という観点はあってもよい、との立場にある。かりに福沢がいうのが実態論として的を射てるにしても、深谷克己氏が指摘する上昇願望が、庶民や公家・寺社家の人びとにはあって、武士にはないとするのは、集団に生きる人として不自然だろう（深谷克己『江戸時代の身分願望』）。

ただし、大名家・藩財政の問題に起因した家臣たちの家計状況の悪化や、勤務忌避・怠業などの動向があったのは、諸藩の法令などをみれば容易に想定でき、出世・就役にともなう贈収賄や利権をめぐる動きもあった。

一方で、政治改革のなかでの人材登用とそれへの就役・出世認識、それを目的とした現代の受験勉強に通じる教育熱の高まりのような事象もみられた。いわば広い意味での武士たちの〈私欲〉も介在すると同時に、自己（家）の名誉を重んじる武士（家中）社会では慎み・堪忍《かんにん》を持つことが大事で、目立たず人間関係に波風立てないのが生きる術、という考えもあり、事情はいささか複雑だろう。

そこで以下、このような問題群を解きほぐしながら、武士たちのいわば〈奉公の本音〉を探ってみよう。

人事と家格

江戸時代の人事

江戸時代の明君《めいくん》（名君）の一人とされ、米沢藩《よねざわはん》の藩政改革を主導した上杉治憲《うえすぎはるのり》（鷹山《ようざん》）を、小姓《こしょう》から奉行《ぶぎょう》（家老《かろう》）まで出世してブレーンの立場で補佐した莅戸善政《のぞきよしまさ》は、江戸時代の人事について、賞罰の観点から、次のように述べている。

安民《あんみん》の世話をするのが君《くん》であり、手伝うのが家臣（有司《ゆうし》）である。それが手際がよく行き届き功績あるのを誉めるのが賞で、安民に害がある者を呵《しか》るのが罰だ。その功を賞するのに、爵位《しゃくい》昇進（格）、官職《かんしょく》昇進（職）、貨材下賜《かざいかし》（禄）の三方法ある。その人その家の規模になる格式を与え、美目《びもく》になる物を与えるもので、総じて賢徳ある者に爵位昇進、才能ある者に官職昇進、賢徳才能はなくとも賞すべき善がある者には貨材を下賜する（杉原謙編述『莅戸太華翁』三〇六・三〇九頁）。

江戸時代は、武士階層が主として政治に携わる。大名を含む武士の役割を、莅戸は民の生活を安定させること（安民）とするが、それに功績があった者が家格・役職・俸禄《ほうろく》の三つの基準で賞され、害する者は同じ基準で罰せられる。人事がこのような仕組みで動くのだ。

とくに江戸時代、幕府や大名家内での人事は、個人的問題とともに、その人の「家」の格（家格）が重視された。ただし、格の昇進は難しかった。おおよその見通しでいえば、奉公・勤務の実態（精勤性）や意識（上昇志向）などの個人的問題とともに、人間関係（主君・大名との親疎《しんそ》や幕府関係者など有力者の依頼・取持《とりもち》など）そして家格（組織内での本来的な位置づけ）など、さまざまな要素が複合的に作用したとみられるが、「家」の格は個人としては如何《いかん》ともしがたい事柄である。それは、本人の問題というより、その「家」の先祖たちにより、形作られてきた事柄だからだ。

江戸時代の家臣に流動性が乏しいとみる大きな理由は、その家臣が属する「家」の格が固定化され、また、その格に応じ、就ける職も決まる、というのがあった。どのような家に生まれたかで、その武士の一生のレールが定まるようなもので、家の問題は、江戸時代の武士にとって重要だった。というより、これは武士以外の人びとも同様で、農民の家の子は農民、職人の家の子は職人というように、家業（家職）に就くのが原則なのだ。とりわけ武士の場合、その子は武士というレベルにとどまらず、どの階層（格）の家なのかで、彼がいる組織、すなわち武士集団（大名家など）での位置が決定されるのである。

熊沢蕃山の主張

江戸時代の家臣組織や行政制度の特質として、しばしば指摘される格と職の対応、つまり家格に基づく役職選任は、藩主などによる恣意《しい》的な選任・登用を抑制する働きもしたであろう。

しかし、池田家の初期当主（藩主）である池田光政《いけだみつまさ》に仕えた陽明《ようめい》学者・熊沢蕃山《くまざわばんざん》は、家格に基づく役人選任には否定的であった。そもそも池田家に縁を持っていなかった彼自身が、陽明学に強い関心を抱いていた光政に召し抱えられ、上士《じょうし》（三〇〇〇石《こく》）にまで昇進、光政による藩政確立の政治改革を補佐したという実体験も背景にあろうが、

此の同じき士《さむらい》の中にて譜代《ふだい》を定め身代《しんだい》をえらび筋目《すじめ》をいひて国政を司《つかさ》どらしむることは大なる僻事《ひがごと》也。天才をえらんでこそ天職をば任ずべけれ（熊沢蕃山「夜会記」巻第一）

図2　熊沢蕃山画像

という。つまり、代々主家に仕える「譜代」性や「筋目」（由緒）、いわば家格で「国政」（藩政）担当者を選任するのではなく、「天才」すなわち「天」から与えられた「才」、各人の才能・能力を基準にその優れた者を選ぶべきだという。

蕃山のこの思いは、彼が生きていた近世前期の段階で、家格による人選、格と職の対応が強く認識され、それに基づく人材選抜が大きな傾向であったのを物語る。しかし、蕃山自身が経験したように、身格の固定性は必ずしも絶対的ではなく、家格の流動性がみられたのも、彼の言は示唆しよう。

津田家と池田家

熊沢蕃山の言をめぐり、池田家家臣の津田氏の例を示そう。津田家は熊沢蕃山の出自とは違い、尾張出身の池田譜代家臣である。

初代左京が、はじめは織田信長《おだのぶなが》、のちに池田信輝《いけだのぶてる》（恒興《つねおき》）に仕えた。信輝は生母養徳院《ようとくいん》が織田信秀《のぶひで》の子信長の乳母《めのと》となった関係で信秀に仕え、ついで信長に仕えた。永禄《えいろく》三年（一五六〇）、桶狭間《おけはざま》合戦の戦功で侍大将《さむらいだいしょう》に取り立てられ、左京はこの時、信輝に仕え始めたという。慶長五年（一六〇〇）の関ヶ原《せきがはら》合戦では大坂にあって、信輝の子輝政《てるまさ》の後室富子（徳川家康《とくがわいえやす》二女）とその子藤松（のちの忠継《ただつぐ》）を守護したという。左京の子弥次右衛門・久左衛門ともに左京に先立ったが、それぞれの遺児二人は左京のもとで育つ。

この間、池田家の所領は、輝政期に三河吉田《みかわよしだ》（一五万二〇〇〇石）から播磨《はりま》（五二万石。姫路）、備前《びぜん》二八万石、淡路《あわじ》六万石となった。輝政死後、長男利隆《としたか》が播磨（四二万石。姫路）、次男忠継が備前二八万石と播磨一〇万石で三八万石の岡山藩主となったが、三男忠雄《ただかつ》は淡路六万石で三藩分立となる。しかし、利隆・忠雄（忠継に替わり岡山藩主）の若死などの事情や交換国替えなどを経て、結局、鳥取池田家（鳥取藩。忠雄嫡子光仲《みつなか》）と岡山池田家（岡山藩。利隆嫡男光政《みつまさ》）の二家として落ち着き、津田家も左京の嫡孫二人がこの二家に分かれて仕えた。このうち利隆・光政に仕え、岡山藩家臣になるのが、弥次右衛門遺児の津田佐源太貞永《つださげんたさだなが》である。彼は父の跡知六〇〇石を相続、承応《じょうおう》三年（一六五四）に組頭となり、延宝《えんぽう》四年（一六七六）に隠居した。

家格の昇降

佐源太の子の津田重二郎（永忠《ながただ》）は、池田光政の信頼を得て津田家の基盤を築き、蕃山とともに、光政の政治改革に尽力した人物である。彼は寛文《かんぶん》二年（一六六二）に頭分《かしらぶん》、同四年に物頭《ものがしら》、元禄《げんろく》六年（一六九三）に番頭《ばんがしら》となり、禄高《ろくだか》も一〇〇〇石、さらに一五〇〇石までなった。

彼以降、重助（のちに丹下と改名）・重之丞（のちに丹下と改名）の二代の間は番頭（一〇〇〇石〜一三〇〇石）となったが、その後の重太郎は天明《てんめい》四年（一七八四）に寄合《よりあい》（一三〇〇石）に入るものの、同六年に「兼ねて行跡筋宜《ぎょうせきすじよろ》しからず」という理由で蟄居《ちっきょ》を仰せつけられ、摂津《せっつ》尼崎《あまがさき》の松平家家臣で従兄弟に当たる清水恰の厄介《やっかい》となる。他方、津田家家督は一族の半四郎（津田源右衛門弟）が継いで、大組《おおくみ》（七〇〇石）となり、それ以後は組《くみ》頭《がしら》・物頭や大組家臣などで七〇〇石に終始、明治維新《めいじいしん》を迎えている。

江戸時代前期から中期には、津田家は家老に次ぐ家格の番頭であったが、それに安定せず下降の境遇にも甘んじる。そして、津田家のような個人的身格にともなう家格の昇降・浮沈が珍しくないのは、江戸期に人事評価の材料として作成された奉公書類を繰れば、理解される。津田家の事例紹介も、書き継がれた奉公書に拠る。そこに読み取れる家臣家格の昇降は、奉公心が自ずと生む結果であったり、出世への個人的欲求であったり、同輩との競争心であったり、また家を背負う立場からの責任感であったり、さまざまな背景があろうが、いずれにしても主君家（大名家など）に仕える家臣は、昇降を前提とする人事環境の場にいたのである。

由緒帳の意図

譜代《ふだい》の井伊彦根《いいひこね》藩には元禄四年に作成された「侍中由緒帳《さむらいちゅうゆいしょちょう》」が残されている。これは四代藩主・直興《なおおき》の命を奉じて、四家老が作成にあたった。各家ごとに当時の当主が、藩主井伊家との関係を持った初代にさかのぼり、当代までの記事を各代ごとにまとめて藩へ提出したものだが、各家からの提出に際しては、井伊家への仕官前の先祖の記述や戦陣での活躍について詳述したのもあった。「由緒帳」と称される由縁だ。しかし、この内容のまま「御帳面」、つまり公式（藩）の帳面に記載されず、省略や削除が施される。それでは、「侍中由緒帳」といいつつ、編纂意図はどのようなものなのか。

編纂を主導した家老署名の「覚《おぼえ》」には、家中として最初に奉公に出た年次・知行高、加増、相続は実子か養子か、当代までの役儀の経歴を「御帳面」に記すとある。これより、主として初代の仕官の経緯、歴代の藩主との所縁、知行俸禄の増減、役方《やくかた》・番方《ばんかた》の職務就役・役替えの時期、特別または臨時の役務、褒賞・処罰の事歴などの情報収集が主たる目的であり、由緒帳とはいいながらも、実質は仕官後の履歴史料で、その意味で奉公書の内実を持った。大名当主・家老層が、家臣の家の歴史とともに、代々の奉公のあり方に、より強い関心を持っていたのが、井伊家の由緒帳という帳簿の編纂過程から浮かび上がる。

奉公書

これについて、池田岡山藩に立ち返り、大名自身の言葉から窺ってみよう。寛永《かんえい》九年（一六三二）、池田光政の叔父で岡山藩主であった忠雄が若死にし、その子光仲が幼少だったので、鳥取の光政と光仲は交換国替となり、光政が岡山藩主となる。光政は、その施策の一つとして、家臣たちに「せんそ（先祖）又は其の身の心はせ（心馳せ）、せんそ（先祖）の心はせ（心馳せ）、知行」に関する奉公書の作成・提出を命じた。しかし提出されたものが、具体的ではない、と光政が満足を得る内容ではなく、寛永二一年八月に改めて仕置家老《しおきがろう》を通し、今回は詳細に書き付けるようにと申し渡した（藤井駿他編『池田光政日記』六一頁）。

先祖からの履歴、つまり家の歴史や奉公の心がけ、それに応じ与えられてきた御恩の知行、そのような内容が奉公書の中味であり、藩主（主君）が家臣を掌握・統制する目的で提出を指示したといえる。

奉公書は、その後、たびたび作成される。寛文九年には、光政より津田永忠が「家中《かちゅう》諸士家譜《しょしかふ》」編纂を命じられた。さらに貞享《じょうきょう》三年（一六八六）、永忠は次期藩主・綱政《つなまさ》より「御家中《ごかちゅう》士《さむらい》中《ちゅう》先祖書　幷《ならびに》銘々自分之奉公書」および「下御祐筆《ごゆうひつ》・士《さむらい》鉄砲《てっぽう》・忍《しのび》・御鷹《ごたか》匠《じょう》・御船頭・御徒《おかち》・御算用方《ごさんようかた》・御城代組之先祖書《ごじょうだいぐみのせんぞがき》　幷《ならびに》自分御奉公書」の書写が命じられている。この後、元禄九年、宝永《ほうえい》元年（一七〇四）、享保《きょうほう》一四年（一七二九）、同一九年、延享《えんきょう》元年（一七四四）と、一〇～二〇年前後の周期で奉公書は作成されたが、延享元年以降は、明治三年（一八七〇）まで五年目ごとに書き上げられる。それは、近世中後期に家臣の身格変動や、それにともなう家格の昇降が、より一般化した状況を物語ろう（柴田一『津田永忠』。『彦根藩史料叢書　侍中由緒帳』）。

　身格変動や家格の昇降が一般化するということは、出世する者が多かったことにもなる。

百姓から平士へ

明治二年に、家老に次ぐ番頭と同格の権大参事《ごんのだいさんじ》に就いた岡山藩士森下立太郎景端《かげなお》の家は、元来、百姓であったが、江戸時代中期以降、小人《こびと》・軽輩《けいはい》に取り立てられ、その後、代々にわたり身分上昇した。すなわち、立太郎の曾祖父惣右衛門は百姓だったが、享保七年にはじめて小人に召し抱えられ、以後、軽輩から徒格《かちかく》となった。祖父恕平は軽輩から先《さき》徒《かち》、父の惣吉は軽輩から徒、平士《ひらざむらい》に取り立てられ、立太郎本人も徒から平士として中小姓《しょう》となり、維新をはさんで一五〇石拝領にまでなる。その後、近習物頭《きんじゅうものがしら》・参政を経て、江戸期の番頭に相当する重職にのぼりつめた。

立太郎の場合、幕末維新期という個人の才能を最優先して人事が進められる時代状況がその出世の要因だろうが、享保年間以降に百姓から軽輩に登用され、家臣秩序の階段を登ってきた先祖たちの地道な努力の賜物でもあろう（谷口澄夫『岡山藩政史の研究』四三三〜四三四頁）。

昇進のバリエーション

しかし、身格・家格の昇降は、江戸時代中期以降に固有の現象ではなかった。津田家の例で示したように、それは江戸時代初めからみられ、光政・綱政時代、藩主による家臣掌握の重要なデータ作成に津田永忠が関わったのを紹介したが、そのような彼は、江戸時代前期における藩主に重用される家臣、したがって相応の出世を遂げる家臣の典型ともいえる。江戸時代中後期に、百姓・軽輩から数代にわたり、たたき上げてきた森下家の昇進のあり方と、永忠一代で身格・家格上昇をなした永忠の出世は、別の様相が考えられよう。

ただ、莅戸善政がいう、個人レベルの役職上の出世と家格上昇や俸禄《ほうろく》（家禄《かろく》）増加などは、一律の性格を持つものではあるまい。肥前《ひぜん》大村家の元旦儀礼である「一献《いっこん》」は、基本的には家格を基準とし、重職にあっても、その職を解かれたら儀礼参加は許されず（『大村見聞集』四四三頁）、鳥取藩では役儀に就いた歩行《かち》は御目見《おめみえ》（藩主拝謁）が許されたが、役儀を離れれば、歩行並《なみ》に戻る（貞享三年、『藩法集2　鳥取藩』「御家中御法度」七八号）。役職上の出世が実現しても、それは個人に関わるもので、彼が属する家の格上昇にはなかなか結びつかない。

近世期を通じ、家格・役職・家禄の上昇（また没落）があり、当時の人びとが、そのような人事のあり方を現実的なものと考えていたのは、莅戸・津田・森下たちのさまざまな立場からの証言や経験からも理解されよう。

そこで次に、人事の責任者である殿様たちの、家臣への思いや人材に対する考え方をみよう。

殿様たちの思い

信頼できない新参

大名の家臣は、古くから主従関係にある譜代《ふだい》と、新しい新参に区別されるのが、一般的である。江戸前期の岡山藩主・池田光政《いけだみつまさ》は、そのような家臣たちについて、譜代を尊重し、新参は出世志向に根ざした機嫌取りをするとみていた。彼が死去の直前に、門閥家老の池田主水由孝《いけだもんどよしたか》に語った天和《てんな》二年（一六八二）の遺言（『池田光政公伝』下巻一、三五二頁）でこのように述べる。

譜代の士《さむらい》は、新参の士にくらべて気骨者・武骨者が多く、とかく吏僚《りりょう》の才能の乏しい傾向がある。他方、新参の士は、新規取り立ての者だけに器用者が多く、また何とか立身出世をと願って、役頭《やくがしら》や奉行の機嫌を取り、奉公だてをするものである。しかし、嫡子綱政《つなまさ》の宝、国家の礎《いしずえ》として信頼できるのは譜代の士である。したがって、つとめて譜代の士に目をかけ、諸役にも譜代を起用し、彼らの家が絶えないようにいつも気を配るようにせよ（柴田一『津田永忠』二二一〜二二三頁）。

光政は、譜代より新参家臣に高い才能を持った者（器用者）が多いのを認めるが、新参者は上昇志向が強く、ために上役《うわやく》の顔色をうかがう傾向があり、いささか信用できないと考えている。だから次期藩主・綱政が大事にすべきは譜代家臣というのだ。

能力を見いだす

このような、新参者に対し全幅の信頼をおけないとの思いは、江戸時代初めの加賀藩主・前田利家《まえだとしいえ》も同じである。慶長《けいちょう》四年（一五九九）、彼が死去に際し、利長（利家の子で二代加賀藩主）へ残した書付《かきつけ》でいう。

新座之者は、我身いせい（威勢）の時は奉公仕《つかまつる》ものにて候、自然手前悪時は其身のかた付をば本として、結句表裏を致ものにて候（八条）

「新参者には、大名の威勢をみた表裏がある」という、合戦や駆け引きなどの修羅場を抜けくぐってきた利家の実感であろう。しかし次の条で、

新座者にても情ヲかけ召し仕《つか》わるべく候、第一諸侍身上成候様にいたわり申さるべく候事（九条）

図３　前田利家画像

と、新参者にも情をかけて召し使うことも付け加えた。合戦での武功のみならず、たとえば、財政運用などに能力を発揮する家臣であれば、その家臣の格に見合わない過分のことと判断されても、主君の裁量で知行を与えるというように（一五条）、家臣の器量・能力を見いだして、破格と思われても知行付与するのも大事、と申し渡した（「加賀大納言殿肥前守殿江被仰置候條数書之事」『日本教育文庫　家訓篇』二四四〜二四五頁）。由緒にかかわらず家臣の資質は有効活用すべきとの考えもあったのだ。

鼠捕獲の得意な猫

近世初めの肥前《ひぜん》の大名、鍋島直茂《なべしまなおしげ》は鼠の捕獲を得意とする猫になぞらえ、いわば家臣の個々の能力とその統合的な運用について考えるところがあった。

飛ぶ鶉《うずら》を捕らえるのはさすがに猫も容易ではないが、その猫が一疋いれば、広い館内外の鼠は絶える。どれほどすばらしい金紗《きんしゃ》などの見事な衣類でも、鼠が多いと食い破られ、傷つき捨てざるをえない。そのような鼠捕獲に猫以外の何者がとってかわるのかという。鶉取りに苦労する猫は万能の狩猟者ではないが、鼠を捕るという一点では、何にも負けないというわけである。

人も同じで、たくさんの家臣がいても、何でも上手くこなせるような者はいない。しかし、各人には相応に得意分野があり、それを見いだして、一つ一つの事柄について、それぞれに力量を発揮できる人物へ命じれば、どのような大変な事業も十分に行なえるのである。したがって直茂は、家臣たちは誰に対する恨みでも、それがたとえ堪忍できないようなものであっても忘れ捨て、家臣相互が心を一つに和合し、主君へ御奉公を遂げたいもの、という（『佐賀県近世史料』第八編二巻、三〇二〜三〇四頁）。

以上は、ある家臣（深堀純賢）が慶長一一年に、直茂から聞いたのを記した聞書に載る。

直茂の本意は、和合による大名奉公を家臣たちへ促すのにあるが、家臣はそれぞれに個別の能力・器量があり、それらを活かした調和が大事、という考えが窺える。

人の使い方

鍋島直茂の言は、家臣の使い方が大名に関わるのを示していよう。上杉治憲《のり》（鷹山《ようざん》）と並び、江戸中期の明君《めいくん》と称される熊本の細川重賢《ほそかわしげかた》も、上に立つ者による人の才の調和を大事にした。家臣（小堀常春《こぼりつねはる》）が残した宝暦《ほうれき》一三年（一七六三）の記録にはこのようにある。

世俗でいうように弁慶は多いが、（それをつかいこなす）判官《ほうがん》は稀というのは誠のようである。君（細川重賢）侯は人を多く召し仕《つか》うに、両人同役がある場合、一人は才あって諸事働きをなす者、一人は諸事謙退し何事も大げさにせず出過ぎない者を同役にするので、その職分はよくつり合い過ちが少ない。（重賢は）人を仕うのにその人の得るところ（長所、できるところ）を用い、足らない部分は捨て置き（問題としない）、特定の能力しか持ち合わせない人でも使うので、国中に心服の萌《きざ》しがある。在中をよく知った者には、在中を任せるというように、職に応じ人を用いる。

適材適所に家臣相互の個性・能力をうまく結びつけた人材活用術といえる（『新熊本市史史料編』第三巻、三一三頁）。このような考え方は、家臣をお互いに競わせる発想と関係したかもしれない。

近世前期の彦根藩主・井伊《いい》直孝《なおたか》の跡目を継いだのは、三男の直澄《なおずみ》である。兄たちの父子関係の悪さや早世などで藩主に就くことになった直澄に対し、父・直孝は教訓を与えたが、そのなかで、奉公人（家臣）のやる気を考慮して召し使うべきで、型にはまった外面的な基準で家臣の格づけを、あらかじめやるべきではないと諭した。なぜなら、

惣じて大小共に、奉公の振る舞いならびに身体の格を定め申され間敷く候、格を定候へば、少しの事恨み出来、奉公人の励もこれ無く罷成《まかりなり》候事（五条）

図４　細川重賢画像
（永青文庫所蔵）

と、大身の家臣でも小身の家臣でも、奉公のあり方や自身の格（立場）を定めれば、自分の思いと違う際には恨みが生じ、奉公人としての意欲や精勤への思いもなくなるからである。

大将たるべき人は、外様遠所罷在候《まかりありそうろう》もの迄、善悪能《よ》く弁じ、夫々《それぞれ》に召し仕う事本意の由に候、大体の人も、宜《よ》き人も同篇に召し仕《つか》い候得ば、善《よ》き士《さむらい》、退屈仕まつるものにて、大形自分召し仕い、侍の善悪窺い知らるべく候（七条）

家臣の上に立つ者（大将）は、中途採用でこれまで井伊家に直接関わりがなかったような者まで、家臣としての善悪（力量や意欲の有無）をよく見極め、それぞれに応じ、召し仕えさせるのが大事である。平均的でそれほどでもない人も力量・意欲が高い人も、同じように召し仕えさせるのであれば、高い資質の家臣は十分に自分の力を発揮できないので、退屈するのである。大名として家臣を召し仕えさせるのであれば、それぞれの家臣の善悪を、井伊家への奉公時期などに基づく格にとらわれずに考慮すべきなのだ（「井伊直孝遺訓」小沢富雄『増補改訂　武家遺訓・家訓集成』一二三八頁）。

直孝の主張に、家臣たちを競わせる発想が読み取れるが、これは、よく奉公した一人の小者を侍に昇進させ、競争させようとした南部《なんぶ》信直《のぶなお》のような大名に通じる。主君に目をかけられると、自分や「家」の名誉をかけ、「励」や「勇」を持って競争するようになろう（藤井讓治『幕藩領主の権力構造』三四頁）。「善士」を見いだし、引き上げるのが、他の家臣たちのやる気を喚起し、組織の活性化にもつながるのである。

善悪判断の必要性

井伊直孝がいう家臣の「善悪」とは、やる気や役遂行の能力の有無の意だろうが、人間性という側面も持ち、江戸時代の初め頃は、この認識が強かったかもしれない。

島津光久《しまづみつひさ》は孫で跡継ぎの綱貴《つなたか》に対し、主君による奉公人（家臣）の善悪を知る必要性をいう。

多人数召し仕《つか》うに当たっては、奉公人の善悪をよく知る必要がある。召し仕うものは男女によらず、「当時の挨拶」（現在の関心事にこと寄せた挨拶）で気に入られようとばかりするので、常時、奉公人の善悪判断が大事である。また、近習《きんじゅう》や奥方《おくがた》に取り入り、知行《ちぎょう》・扶持《ふち》を貪《むさぼ》ろうとする輩《やから》がいるので、とりわけ奉公人判断の覚悟を持つべきである（延宝三年〈一六七五〉、『藩法集8　鹿児島藩』「島津家列朝制度」一二九号）。

池田光政が新参者に抱いたような、家臣に対する一種の不信感を、島津光久も持っており、家臣ひいては人間としての信頼性が問題とされる。福岡藩二代藩主・黒田忠之《くろだただゆき》の、

一、家中さふらい（士）、当分用ニ立たざるもの（者）のせんさく（穿鑿）事

という遺言（『黒田家文書』第三巻八〇号）にいう「用」に立つとは、役遂行の能力や、やる気などとともに、信頼しうる忠義心を持つのか、自己本位ではないのか、ということだろう。そのような家臣の審査評価（穿鑿《せんさく》）が必要なほど、近世初めの段階での主従関係は安定したものではなかったが、かかる問題は必ずしもこの時期特有というわけでもなかった。

「御為第一」の役儀

そもそも、江戸時代の家臣の役儀は誰のためにするのか。それは、天皇に対するものでも、領民への責任でもない。本来的には自分が仕える主君へであり、「御為第一《おんためだいいち》」などと称された。幕府直臣《じきしん》なら将軍、大名家臣なら大名の「御為」に役儀を果たすのだ。家臣は、役就任にあたり、誓詞《せいし》（誓約書）を出した。その文言は定型的だが、それゆえに家臣にとっての役儀の本質を端的に示す。井伊彦根藩の「執権役」（家老職相当）就任時の誓詞の骨子は次のようである（「役職誓詞」藤井讓治編『彦根藩の藩政機構』一六九頁）。

拙者儀、今度執権役仰せ付けられ有り難く存じ奉り候、これに依り御奉公御役儀大切仕《つか》まつり、重ねて　御前御為第一に存じ、　公儀御用《こうぎごよう》は申すに及ばず　御自分之御用《ごよう》

向《むき》万事の義心に及び申す程は、随分念を入れ相勤《あいつと》め、御後闇《うしろぐらき》不忠の覚悟、聊《いささか》も存じ間敷《まじ》く候……

……惣而《すべて》御家中《ごかちゅう》・御城下町・郷中《ごうちゅう》御仕置方《おしおきかた》之義《のぎ》賞罰程能《よ》き旨を考え専ら正路を守……町人百姓公事《くじ》出入等《でいりなど》之節《のせつ》は少之儀《すこしのぎ》にても大切に仕まつり、全く非分に及ばざる之沙汰惣《すべ》て御仕置向《おしおきむき》ならびに御用相談之節《ごようそうだんのせつ》覆蔵《ふくぞう》無く申し談《だんじ》……存寄之旨《ぞんじよりのむね》は心底残らず申し出し、少《すこし》も我意《がい》を相立《あいたて》ず再応その理の僉議《せんぎ》を詰《つめ》……御威光ヲもって身の威勢奢《おごり》の覚悟を存ぜず、御家風《ごかふう》を相守《あいまもり》……

役儀が、大名との主従関係やその「家（風）」を守るのを前提に、幕府諸役と大名御用が位置づけられ、家臣や百姓・町人を対象にした藩政の「正路」で「非分」がないこと、思うことはすべて申し談じ、我意を立てず詮議するという、公正（公儀）性が主張される。さらに、大名の威光を背景とした奢《おご》りは否定された。公儀という江戸時代の公権力の性格を持つ大名の政治（藩政）をそれぞれの役儀で正当に担う、これが「御為第一」の本義なのだ。

　しかし、彦根藩では、かかる覚悟が薄い家臣がいるのが問題にされた。それは、私欲のみのまやかしの奉公の覚悟と言い切ることはできないものの、奉公人として主君への役勤の心がけも薄く、主君や大名家にとり利益なのか損失なのかという大局的な考えも大まかで、ただ、仕事の帳尻さえあえばよいと考え、近習や頭分の者にへつらい追従し、「奉公人として役を勤めることが主君・大名のためである」ということが二の次にされる。このように家臣たちの役勤は不十分で、その心がけも低くなっており、もはやそれこそが私欲からのまやかしの奉公に成り下がっているのである（元禄三年〈一六九〇〉、前掲書五四頁）。

「士の道」と「我が身の栄耀」

池田光政は、家臣たちに、このような「私欲虚妄」を感じ取っていた。彼は、将軍から一国（藩領）を預かり、その民を安《やす》んじて将軍の冥加《みようが》を減らさないことを大事な志とする大名を助けるのが、家臣（士《さむらい》）の役割という。したがって、家臣にとっては、「国政に公」を第一に考えるのが「義」であり、「道」である。自分の「悦」「利」を求めて主君である大名に取り入り、よい手当（俸禄《ほうろく》）を得るより、主君を諫《いさ》め、その利を取らないのが士である。義を見て利を見ないのが「士《さむらい》の道《みち》」なのである。

しかし、池田光政からみた家臣たちの現実は、次のようなありさまである。

おこり《（奢り）》と云ハ、我身のゑよう《（栄耀）》さいし《（妻子）》の口服を専《もつぱら》に仕《つか》まつり候故、軍役公役《こうやく》をつとめす《（勤めず）》、其めかくし《（目隠）》に外聞の無用をつくろい候故、夫《そ》れ人困窮してもあわれみすくハす《（憐れみ救わず）》、人をころし《（殺し）》不便の者をもふち《（扶持）》はなし、国に窮民《きゅうみん》をまし《（増し）》、百姓のかつゑ《（飢え）》をもかへりみす《（省みず）》

（年不詳、『藩法集1　岡山藩・上』「法令集」八九〇号）

光政は、家臣たちが自分や家族（妻子）の利益を優先し、藩領民の困窮、さらには飢餓《きが》から目をそむける、と断じている。本来は主君の「御為」に、国政（藩政）の役儀に就く立場にある家臣が、それを十全に勤めず、かえってそのような自分の言動を隠し取り繕う姿は、主君にとり、自分への欺《あざむ》きに映ろう。

江戸時代の初め、主従関係が安定しない状況も背景にあったろうが、初代福岡藩主・黒《くろ》田《だ》長政《ながまさ》は、

侍之義理をしらす《（知らず）》奉公かけひなたを仕《つかまつり》、偽かさり《（偽飾り）》を以、主を欺《あざむ》き身を立んと覚悟し、万意地むさき者《（卑き者）》あらば、聞き立て候へと、内々目付《めつけ》共申し渡し置き候条、其旨を得、常々相嗜《あいたしな》み申すべき事（元和三年〈一六一七〉、『黒田家文書』第二巻、五八号）

というように、陰ひなたの奉公をし、主君をあざむいて立身を欲する家臣の存在を、明確に意識しており、目付をおいて監視の対象とした。

しかし、江戸時代後半の寛政《かんせい》期（一七八九〜一八〇一）、幕臣《ばくしん》・羽太正養《はぶとまさやす》はその家訓で、

媚諂《こびへつ》らひをする手間で我職分《しょくぶん》に魂を入れ、陰日向なく御奉公の誠を尽し、家をおさ

め身を慎み、親に孝し、長者を敬ひ、朋友に信を尽し、文武の道に暗からねば自然と美名世に聞へ必《かならず》福来るべし（「羽太家訓」近藤斉『近世以降武家家訓の研究』二一七頁）

と述べるが、媚びへつらいのエネルギーを役儀遂行にあて、陰ひなたではなく誠の奉公をすることを子孫に残そうとする姿勢から、大名家臣や幕臣という立場や、江戸時代の時期を問わず、主君や上司への媚び追従による陰ひなたの奉公は、一般的であったのが想像される。

大名が求める「御為第一」や「士の道」の実現は、「私欲」「我が身」を優先する家臣の姿勢の前に難しかったのである。

「御為」の行方

平和のなかの「立身」

主従関係を主君と結ぶ武士にとって「御為《おんため》」とは、まずは戦功に他ならない。これは主君との関係を強化し、立身出世につながる。

しかし、江戸時代は当時の人びとが「静謐《せいひつ》」「泰平」などと自認する平和な時代で、「徳川の平和」（パックス・トクガワーナ）とも称される。武士集団（将軍家の家臣団や大名家の家臣団）に属する家臣たちは、このような時代、組織（家臣団）内での出世に取立《とりたて》（地位の安定上昇や俸禄《ほうろく》知行《ちぎょう》の加増）をどのように考えるのか。仕える主君の「御為」になる戦功は、もはや、あげられない。

前田加賀藩では、戦功を望み得ない平和の到来は、「立身」の機会が奪われて「小身」

を余儀なくされ、たとえ譜代家臣の親族であっても大名家を離れ「流浪」する者さえいた、と憂えられた（天和二年〈一六八二〉、『国事雑抄』上、一八一頁）。

すべてに強いられたとはいえないものの、家臣としての定着もおぼつかないなか、新しい時代に応じ、自分（また「家」）を守るため、家臣たちも懸命となっていく。

軍役の軽減

平和な政治社会の構築に向けた治政の遂行。いささか抽象的だが、前田のような大名の立場からいえば、それが新しい時代に応じることである。

幕府が求める課役（参勤交代《さんきんこうたい》や普請役《ふしんやく》など）を果たし、財政的に耐えうる領国（藩領）の基盤を整えなければならない。また、大名の地位継承までは江戸で育ち、一生の半分以上を江戸で過ごす大名たちは、親類や文化活動を通し、関係ある大名・旗本《はたもと》など、他の武家領主層との付き合いもあり、これもかなりの財政負担を要する。かかる時代状況のなか、軍事体制は保持されつつも（幕藩体制は基本的には軍事国家としての本質を持つ）、実際には軍役《ぐんやく》が軽減される。

加賀藩では、元和《げんな》期（一六一五〜二四）の軍役規定が基本とされ、馬具所持の義務はあるものの、四〇〇石以下の侍は弓・鉄砲は所持しなくてもよくなった。これは、家臣の軍事的負担の軽減を意味し、その分、行政的な役務を果たすことが求められた（原昭午『加賀藩にみる幕藩制国家成立史論』一七九頁)。

加賀藩四代藩主・前田綱紀《まえだつなのり》は、このような新しい時代の「侍の筋目《すじめ》」について述べるところがあった。これは、大名家臣のあり方を示すものとして、先述した池田光政《いけだみつまさ》の「士《さむらい》の道」(四四頁)にも通じよう。

侍の筋目

家臣団のまとめ役ともいえる組頭《くみがしら》・馬廻《うままわりがしら》頭に宛てた心得のなか、「万事侍の筋目を失わず厳重支配為《な》すべき事」とされるものに、「公用」で「私」「利欲」をおさえた「役儀」「職分」をいう。すなわち、私心(自分本位な気持ち)がないように精進し、諸事にわたって慎むことを第一義とし、無欲に心がけなければならない。なぜなら、私心は欲より生じる道理だからだ。主君への役儀を勤めるのは、すなわち公用であり、公用を勤めるにあたっては自分本位であってよい道理はないはずである。私心がなくなれば万事について無欲となるので、人間関係の軋轢《あつれき》もなく家臣奉公もうまくいくはずだ。しかし、家臣・奉公人としての職分とは別に、利欲の道や安楽の道を求めるのであれば、職分の本来のあり方は困難を強いられる道理である(『加賀藩史料』第四編、四三二頁、四三五~四三七頁)。

このように、前田綱紀が求める「侍の筋目」とは、無私無欲で公用の役儀・職分を勤め、自己中心的な利欲・安楽を断つことに、主要な眼目があった。「私」的価値観に対する

「公」的価値観の優先である。

〈裸の殿様〉　しかし家臣の立場からみれば、大名は、自分が置かれた立場や役割の自覚がない、いわば〈裸の殿様〉との見方もあった。

寛文六年（一六六六）、熊本藩のある家臣は、藩主・細川綱利《ほそかわつなとし》に対し意見書（封事《ふうじ》）を出した（「田中左兵衛封事」『新熊本市史　史料編』第三巻、三七三～三七六頁）。

大名は、自分への追従・諂《へつら》いと他家臣に対する誹謗《ひぼう》（謗《そし》り）が、大名の目前の人に多いことを知るべきである。大名自身が、自分に智恵があり自分のみが正しい判断をするとの思いを抱くのは、追従を受け入れることになる。そうなれば正直者は口を閉す。また、家臣たちによる追従や誹謗などの偽りを退け、実態の正確な把握が大事である。大名は表面的な憐れみのみで、自分は贅沢をし、「下の苦」を知らないので「御政」を行なっても、「下の者に通ぜず」であり、「万人の父母」とはいえない。

さらに、大名（綱利）の自己顕示欲が家臣窮乏を招来する、とも指弾する。

多くの家臣を召し連れての江戸勤めは「きら」（綺羅）を好み示すのだが、それは「御国取《おくにとり》」を目指すような五万石・一〇万石の大名がすることで、すでに国持大名の細川であれば抑止すべきだ。しかしそれを直さないから、江戸在勤で「家中つふれ」（潰れ）（家中財政窮乏）が止まないという。軍役軽減にもかかわらず、大名の「我儘」により家臣窮乏は深刻化した。

と主張するのである。これは、もちろん一家臣の指摘であり、江戸（対幕府、大名交際）重視の大名の立場もあったが、「万人の父母」として領民の安穏を軸とする「御政」（藩政）を助けるのが、「御為」の家臣奉公であるとすれば、その難しい現実もみてとれよう。

「御為」のはき違え

家計が苦しくなれば、生活防衛のため、人は節約なり増収なりを考える。参勤交代にともなう江戸詰《えどづめ》など、大名課役の負担は家臣財政を「難儀」なものとしていく。家臣にとりその打開策の一つがいわば役得であり、それが可能な役職や家格を求めることにもなった。延享《えんきょう》三年（一七四六）、同じく熊本藩家臣の意見書（上書）をのぞこう（「吉村文右衛門上書」『新熊本市史　史料編』第三巻、三八五～三八六頁）。

困窮の度合いを増した家臣たちは、十人中の八、九人までが武士としての義理を忘れてしまっているようにみえる。主君や上司へ媚びへつらいをなし、自分の俸禄が上がることや立身出世を心掛ける、という状況に立ち至る。昔は郡代《ぐんだい》・奉行などへの就任を諸人は嫌っていたが、（延享期）今では郡奉行《こおりぶぎょう》就任を諸人が望んでいるという。なぜなら郡奉行になれば、俄《にわか》に「内福」になると聞く。おそらく御郡で「利益」があるのであろう。留守居組などに入るのも、昔は口惜しがっていたが、今は「御役」に就くことなので、悦ぶと聞いている。このように「不義の富」を求めて「義」を失い、「利欲」第一の心になり果てた者たちが、御役人になっては、「御為」は次にして、「私欲」を先とするだろう。「諸御役人」は、「私欲」に走らず「義」の正しい人に仰せつけるべきである。

この意見書で、家臣たちは「御為」は二の次にして、経済的なうまみを得るために、武士・家臣としての「義理」（これまでみてきた「士の道」や「侍の筋目」と同じだろう）を忘れ、「私欲」に走り、以前は嫌悪さえされた役職に就く。文字どおり「利禄立身」に泥《なず》んでいるという。上書はさらに続ける。

「民」の怨みは「国」の災いのもとである。「君」のために思っても「民」のことを考えなければ、「君」のためにはならない。「民」のためは、「君」のためになる。「君」のためだけを思っていると、いったんは「君」のためになると思われるが、結局、「国」が衰え「民」が痛むので「民」は怨み悲しむ。その心が天に通じて天災となる（前掲史料三八六頁）。

「君」の「御為」の本義は、「民」を考え、「国」（藩）を繁栄させることだが、「君」さらに「国」を支える「民」のことが忘れられているのである。

猿狂言による「立身」

江戸中期の尾張藩家臣・天野信景《あまのさだかげ》は、分量範囲の浩瀚《こうかん》さで知られる主著『塩尻《しおじり》』で、元来は同一次元である主君を思うことと民（百姓）を思うことが、矛盾する現状を辛辣に指摘する。天野は、「寵恩」を蒙《こうむ》った人は、「君恩山より高く海より深し、戦場に一命を軽んじ忠を抽《ぬきん》んでて、平生も御為疎《おろそ》かに思ひ奉《たてまつ》らじと」というが、これはかえって主君を窮地に立たせる、といい、主君の寵愛をこうむった人は命を惜しまないというが、民の苦しみを考えずに領主財政を富ませることが「御為」と思い違いをしている。しかも、善人を讒言《ざんげん》し、佞人《ねいじん》を昇進させ、仲間（利権集団）を贔屓《ひいき》のみで作って勢力拡大を図る。万人は、このような家臣を抱える君主のみを恨むという。こうした「君のためおもふといふは猿の狂言」である（『塩尻』四、『日本随筆大成』〈第三期〉一六巻、一六七頁）。

と、彼らの「御為」の思いを揶揄《やゆ》、非難した。

勢を見ては充を捨て身を利す、もし世乱れ戦に及ば、義に順《したが》ひ節に死する心はなく、利あらば敵にも降り君をも弑《しい》すべし。悪べき恐るべきは小人なる哉（前掲史料四五一

〜四五二頁）

このような「姦謀」をもって君に近づき出頭する者にどうして「忠義の実」があるのか。むしろ彼らは、戦国期であれば「勢」や「利」をみて主君も容易く殺しかねない「小人」なのだ、と天野はいうのである。

民を痛める「御為」と「立身」

江戸前期の松江藩家老であった香西隆清《こうさいたかきよ》（隆嘉。頼山《らいざん》）が記した『七《しち》種宝納記《しゆほうのうき》』（頼山として元禄九年〈一六九六〉に著述）には、年貢収奪（藩財政に資するため）が「御為」とする家臣の「立身」が、結局は民（百姓町人）を苦しめることになる、とある。「当年は去年より米高を取候といへば、扨《さて》もお手柄〱と云て、其身立身をする」が、結局それは「百姓町人の難儀迷惑」「下の煩」なのである、という（『七種宝納記』『未刊随筆百種』第五巻、一五〜一六頁）。

香西は、寛文五年（一六六五）に家督相続し、翌六年には江戸で亡くなった藩祖松平直《まつだいらなお》政《まさ》の遺骸を松江まで葬送、部屋住《へやずみ》の身から家老まで昇進したが、罪を得て早くに隠居（寛永一七年〈一六四〇〉生、延宝二年〈一六七四〉に三四歳で隠居）した経験がある（中村隆嗣「香西頼山と『七種宝納記』」）。その経験も背景にした記述だろうが、かかる傾向は諸藩に一般的という。家臣による主君の「御為」とは、必ずしも領民からの年貢徴収に収斂《しゆうれん》しない。強制的な徴収の責めを、民は大名（君）が負うと考える。したがって「下の大分痛み」の考慮が、結局は「御為」なのである（『七種宝納記』『未刊随筆百種』第五巻、三三二頁）。

静謐・泰平の実現で世の中は安定はしたものの、だからこそ主君を頂点に形作られる厳しい身分社会のなか、もはや戦功をあげることで立身出世がのぞめない武士・家臣たちは、経済的に窮乏しつつも、どのような思いで「御為」、主君への奉公をしたのか。

〈個人主義〉としての立身出世

そこには、「私」すなわち自分（ないし属する「家」）を大事にする、いわば〈個人主義〉的な発想も生まれてこよう。治世に携わる公的な役人という性格を帯びつつあった家臣が、どの程度、民を思い、職分に従事したか。その是非についての議論は容易ではないが、「私」・自分の重視は、一つには己が損なわれないよう周囲の人びとと上手くやる、もたれ合いや慎みの姿勢、もう一つは人に認められ、己を高め、上昇を目指す、やる気の姿勢などの方向性もみてとれよう。そしてこの二つの動向は、たとえば、上司（ないし主君）への迎合・追従や慎みなどの処世術が、自分（「家」）のポスト上昇、出世に結果するという思いで、つながる側面も持ったろう。

土地領主として培ってきた自立性に富む私的価値観は、江戸時代に領主という側面が減退するなかで変質し、平和な時代が実現するなか、「御為」に尽くす「役人」として、自らの「家」や家族を養いながら、どのように生き延びるのか、という個人主義的な欲求を、武士、家臣たちは持つようになった。

かかる時代性のなか、新たな奉公のスタイルが模索され、戦功によらない立身出世が目指されるが、しかし、「役人」（家臣は個別領主の性格は失いつつも、広義の幕藩領主層を構成）として「民」といかに関わるのか。これは天野信景・香西隆清たちの言に窺えるように、武士による治政姿勢として、江戸時代を通して重たい問題である。

慎みとやる気

慎む武士たち

江戸時代の武士・家臣たちは、主君（将軍・大名など）と主従関係を結び、基本は軍人（武者）であるが、静謐《せいひつ》・泰平の状況のもと、治政を担う役人の性格を強め、幕府や藩などの組織社会で役儀を果たした。

「上」にもたれる

寛文《かんぶん》七年（一六六七）、池田岡山藩のある家臣の書上《かきあげ》には、そのような家臣の組織のなかでの不安な立場や思いが垣間見られる（「中村又之丞書上」上原兼善『「名君」の支配論理と藩社会』四四四頁）。

「上《かみ》」の治政（「御政道」）は公正（「正直」）を目指してなされるが、家中《かちゅう》に対する法令が繁多で、治政がせわしく感じられ、「善心」がおこらず、どのような法令・施策も

「大事〱トスクミ（竦み）、ウワムキヲタシナミ（上向を嗜み）」のような状態で、家老・番頭《ばんがしら》をはじめとする家臣たちの心根は安堵しないと聞き及ぶという。

「上」とは主君である大名を指すが、それへの気遣いから、かえって治政に対する意欲が削がれる家臣たちの姿が浮かぶ。「上」に竦《すく》み、その意向をひたすらに窺う姿勢は、長い物には巻かれろ、という具合に自らの判断を避け、ただ上意（主君や上司の意向）に従い、治政に積極的に関わりその向上を目指す「善心」がおこらず、無責任な態度を生むことになろう。

また、「上司を頼りすぐには内談せず、まず自らで十分に判断し、その上で意見具申《ぐしん》せよ」（寛政元年〈一七八九〉、「申達」『藩法集3　徳島藩』「元居書抜」二七五〇号）というごとき指示からは、役への主体的取り組みに欠ける家臣がみえてくる。

下たる人は何事も上へもたれ居て、身を踏みこむことはかつてこれなき筈《はず》の事也

（『政談』岩波文庫、二二四頁）

これは江戸中期の儒学者で、君主と家臣が社会の変化に応じ、独自に作り出した制度に基づき行なう治政の重要性を説いた荻生徂徠《おぎゅうそらい》の『政談《せいだん》』（八代将軍徳川吉宗に上呈されたとされる）の一節である。「上」（この場合は将軍や上司の意味だろう）にもたれ、「身を踏込

む」ような姿勢がない「下たる人」、つまり役人としての家臣の存在が問題に挙げられる。何事も上司に伺いをたて、その意向を遵守《じゅんしゅ》する建前のため、家臣たちは「人々己が才智をば出さず」（前掲史料二二四頁）なのだ。

秩序のなかの保身

なぜ家臣たちは「上」へもたれてしまい、治政に積極的に取り組む「踏込」んだ「善心」を持って積極的に意見具申しないのか。

幕府との関わりを持つ荻生徂徠の言は、江戸時代（とくに中頃）の役人組織の特性を端的に示している（中田喜万「武士と学問と官僚制」）。徂徠の見立ては次のとおりである。

平和（太平）な時代状況のなか、戦功による立身出世もみられなくなったため、家筋（家格）が固定して上昇志向（「勇み」）が持てなくなった。下手に立身を目論んで家を潰すより、はじめから望まず万事波風立たないようにするのが得策、このような心持ちになってしまったのである。本来ならば、器量次第で出世可能な社会がよいが、現在（享保期）のように、家格がしっかり固まってしまっては、とくに中位以下の家臣の立身は難しく、彼らはむしろ保身のため、失敗しないように智恵を働かせる。有益であっても、このような下位の家臣たちの智恵は用いられないのである（『政談』岩波文庫、二〇八・二一三頁）。

家格を軸に武士社会の秩序が固定するなか、積極的な言動を通した無理な立身出世を望まず、失敗せず、自分やその家の存続に腐心する保身志向の家臣たちの姿を、徂徠はみる。

血気の堪忍

武士は戦闘者で、合戦の場では武備を持って死を恐れず敵を倒し、戦功をあげることがよしとされ、また、平常の場でもその覚悟を持ち、自身の名誉侵害などでは、喧嘩口論が重視される。それを支えるものが「血気」である。いわゆる血気盛んな武士は理想型であった。

しかし、江戸時代には自己変革が求められた。平和のなか、血気の抑制が大事になる。近世前期、幕府に仕えた儒学者・室鳩巣《むろきゆうそう》は、武備を忘れないのは当然だが、そのために血気に侵されている者は「未練《みれん》の士《さむらい》」であり、「武士の嗜《たしなみ》は心に有」とした。武士にとり、血気はよくなく堪忍を必要とした。いわば、一歩引いた慎み深い言動が武士には求められるという（正徳五年〈一七一五〉、室鳩巣「明君家訓」『日本思想大系三四　貝原益軒・室鳩巣』七五頁）。

鳩巣の主張は、保身的な発想からなされたのではないだろうが、自己主張の自制という点で、荻生徂徠が観察した保身を図る武士・家臣に重なるものだろう。

保身や我慢の自覚は、善し悪しは別として、一種の用心深さや慎重さを武士たちに植え付けよう。浅野広島・松平会津・越前松平福井などの諸藩に寄寓した兵法家《ひょうほうか》・大道寺友山《だいどうじゆうざん》は、近世武士道書として『葉隠《はがくれ》』（後述、一五八頁以降）などとともに著名な『武道初心集』を著したが、そのなかで、先述したような家臣組織の秩序（家格を中心とした身分制）のなかで、どのような対人関係を心がけるべきかを説いている。

秩序と慎み

友山はいう。

武士は傍輩《ほうばい》の悪口をいってはならない。就中《なかんずく》、家老・年寄は職禄も重いので、人柄・智恵・才覚も職禄相応であるのが当然だが、そうではないとの批判は、もっとものようで結局は理屈に合わない。将軍家の老中は、郡主・城主のなかから人柄で選任され、不器量者はいないが、大名家の家老年寄は、禄と筋目《すじめ》で選任されるので、対象者は多くなく、人柄での選任ではない。したがって、役職にてらし、多少不足の人柄もある。しかし、その批判は不了見である。なぜなら、利発な親にそうでない子（たらはぬ生れ付）が生まれ、逆に、子が親に勝る場合もあるからである。

さらに、友山はいう。

先祖があげた忠孝で家柄を得て重職に就くのは、家臣としてもっとも有り難いことで

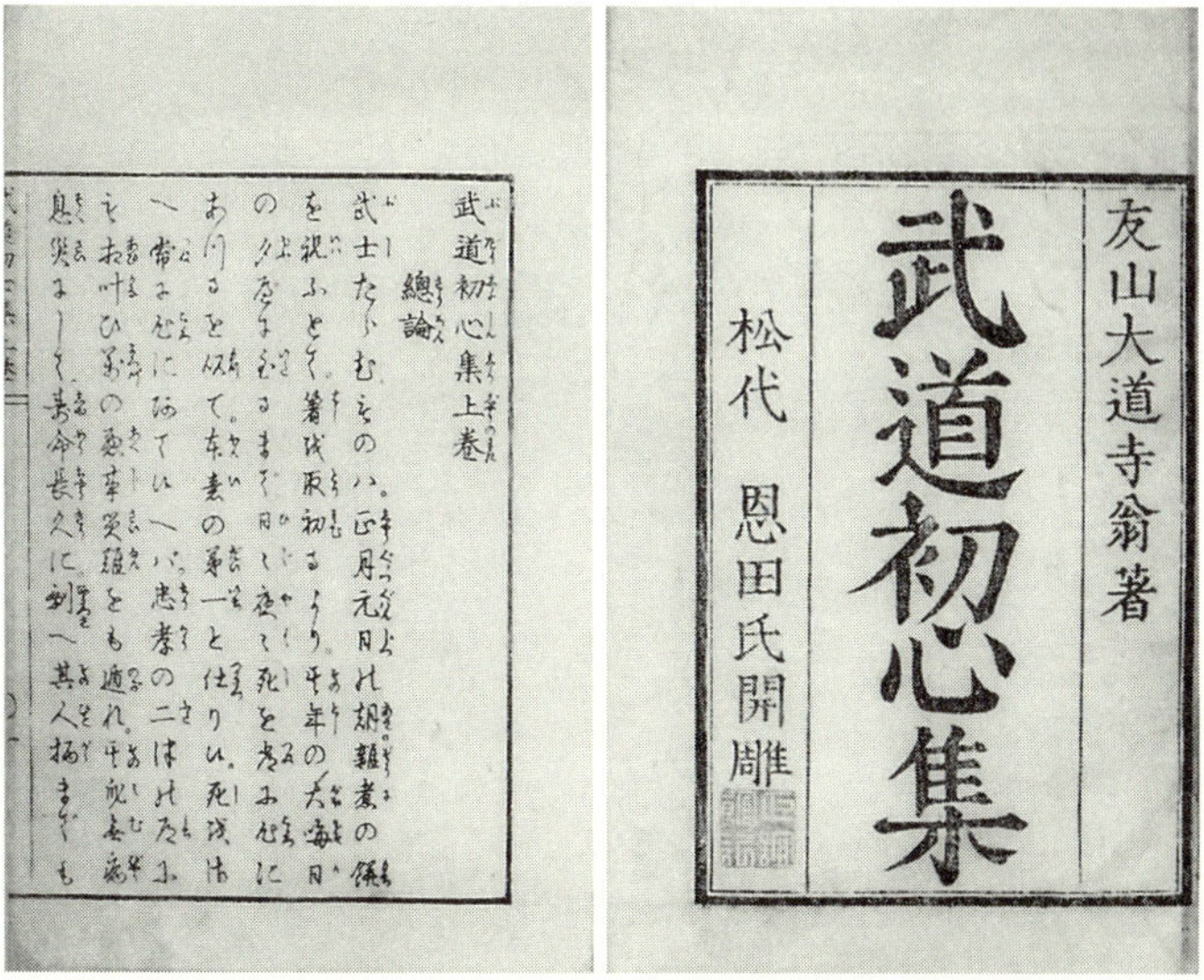

図5　大道寺友山『武道初心集』

ある。したがって、家老などが不条理なことをいって、聞き捨ておけないと感じても、よい塩梅《あんばい》に挨拶などすべきである。自分の方に理屈があるとしても、家老年寄など重臣を、厳しい言葉で批判するのは、主君に対して大きな無礼との分別を持つのは、「武士の正義」である。用人《ようにん》などは、筋目・家柄での選任ではなく、多数の家臣のなかから「人柄」で選任されるので、才能がない者はいない道理である。しかし、主君の意向にかなう者で若い者もあり、そのような者には、心得違《こころえちが》いや不念不沙汰もある。それへの批判もよくない。いくら利発でも、若気ゆえと考えればすむのである。総じて、家老・年寄や用人などは「主君の御目がね」を以て選任されるものであり、彼らを悪くいうのは、主君を謗《そし》るも同然なのだ（『武道初心集』岩波文庫、四九〜五二頁）。

家老には、禄と筋目、家筋を基本に就き、用人などは人柄が基本というが、いずれにしても、上層家臣は主君のめがねにかなう者が選任されるとする。藩の厳格な組織秩序（家臣団や行政役所）のなかで、軽々な上司などへの批判を誡《いまし》めるのである。

真の奉公

このような、組織秩序でのそつない慎みが必要なのを、友山は認《したた》めた。ただ、かかる態度は、主体的また自己犠牲的な奉公に、必ずしもつながらない、なおざりな姿として批判的な見方も当然あろう。自分の意見を主張せず、うなずき合う状況に対し、我慢できないという武陽隠士《ぶよういんし》なる人物の主張は、代表的なものだろう。

いかにも治世の事なれば、すべて穏やかなるが宜《よろ》し。また礼儀を正しくするはずなれば、これ全く時世相応のふるまひなれども、それが追々増長して、当時《(現在)》の姿はさらに物の本体を失ひ……心にこれと極めたる事も遠慮致し、有体《(おざなり)》はいはず身構へのみ致しその場の様子に合せて心と違ひたる言葉を遣ひ……座敷なりのみ申す事が当世の一統の習俗……(『世事見聞録』岩波文庫、四九頁)

彼は、事なかれ主義、その場限りで、本心を主張しない「かように武士の手の詰まりし事」の原因を、「全《(もともと)》　体公辺の御沙汰、武道を脇になし給ひ、儒道の謙遜を本に御立てなされ候故」(前掲史料五三～五四頁)、つまり、上位者の存在、武的価値観の軽視、儒学による謙遜の態度、このようなものにみた。

主君の立場からは、かかる武士・家臣に真の奉公はできるのかと思うだろう。江戸中期の彦根藩主・井伊《いい》直興《なおおき》は、平和な江戸時代の家臣のあり方を戦さの場ではない「畳の上の奉公」と考え、彼らは大身《たいしん》・小身《しょうしん》いずれも「身を打ち申さざる所を専要」と心得、真心を尽くして自分の主人のことを思う者はいないと断じた(藤井譲治編『彦根藩の藩政機構』六一頁)。主君のため自己を犠牲にし真心を捧げ奉公する覚悟を持つ家臣はいない、と嘆くのである。

個人プレー

本来、主従関係は一対一の個人的なものだ。しかし、近世の治政には、武士に「役人」としての資質が求められ、役所（たとえば財政担当の勘定所、関連機関として年貢徴収などにあたる代官所などのような部局）に属する一員としてチームプレーが求められた。それには、自己を抑えるのも必要とされる。ただ、意見具申などもしないという消極的な者が望ましく思われていないのは、荻生徂徠の指摘からもわかる。真の奉公ではないのだ。自分（家）を守るための保身は、真の奉公にはつながらない。

だからといって、組織（役所）の活性化を目指すとして、自分のことのみを主張する個人プレーもよくない。天明二年（一七八二）、久留米藩の磯野嘉納という家臣は、そのようなことが糺《ただ》され、罰を受けた（『藩法集10　久留米藩』「御書出之類」一九六四号）。

彼は、「御役筋」ではいつも「我意」（周囲に受け入れられないような自己主張）を立て、同役やその他の役回りの人と話し合いはうまくいかず、御用向きには表裏もあった。配下の諸職人たちを贔屓《ひいき》をもって召使い、正直ではない執り行ないが多かったともいう。また他を誹謗《ひぼう》し、自己の利益に心を寄せる。このようなので御用向きは疎略となり、主君（殿様）にとり不利益な面がある。したがって先年、咎（罰）を仰せつけ、謹慎して改心に勤めるべきところ、それはなく「重々不埒《ふらち》」なので、重き遠慮（解任）を申し渡された。保身のため、無理をせず周囲に迎合するばかりではよくないが、独断や不平等な取り扱いによる勝手な自己主張も受け入れられない。ではどうすればよいのか。

求められる協調性

役人として家臣に求められる重要な資質として考えられていたのは、いわば協調性だった。もちろんこれは一騎打ちを主流としなくなった時代の合戦時にも必要とされるが、前近代合戦は、個人プレーを重視する側面も強い。しかし、江戸時代の役所組織（いわば官僚制）に属する役人としての武士には、協調的な面が必要と考えられていた。

天野《あまの》信景《さだかげ》はこのようにいっている。

天下の事物でことごとく人に長じるのはできない。自分より優秀な者を得て自分がひく場合もある。それを僅《わず》かに自分ができるからとして、人を謗《そし》ってはいけない。人の非難は自分の短所を顕《あらわ》す。謙虚に自分の知らないことは人に習い、知っているのは教えるべきだ。自分一人で独占せず、「衆知」（さまざまな考え方の集約）するほどよいものはない。そして、親しい人の悪を善としたり、疎遠な人の善を悪というような、個人的な人間関係に基づいた判断、仕事を誡《いまし》める。かかる独りよがりで恣意《しい》的な判断・行為、「私」「慢心我執」（自分が正しいものと慢心し執着する）から離れ、謙虚に周囲の人びとの意見に耳を傾け、「衆知」を心掛けるべきなのである（『塩尻』四、『日本随筆大成』〈第三期〉一六巻、四一六頁）。

「私」から離れるとは、保身のために身を潜めるという、荻生徂徠が問題視する幕臣《ばくしん》たちにみられた消極的なものではなく、「衆知」のために、独占欲を捨て「私」にこだわるな、というものだろう。「手前の功」ばかりを考え、仕事に関する情報を秘密にし、新任の同役者を手なずけようとする者がいるが、これでは上司へ都合の悪いことをいわず、新任の有能者も十分に働けないとして、徂徠が役所の情報を共有化できる「留帳《とめちょう》」作成を主張しているのも（『政談』岩波文庫、一七五頁）、天野の考えと重なる。

平和な時代、治政業務のために、保身を図っておとなしくするのではなく、かといって自分の考えに執着し、仕事仲間を恣意的に丸め込むのでもなく、自己本位の考え方から離れ、協調的・共有的な姿勢で役儀に勤めるのが大事、という考え方も生まれていた。

奉公と出世

役儀は協調的・共有的な姿勢で勤めるのが大事である、という考え方の前で、立身出世したいという思いが武士たちから消えたわけではなかった。問題は、奉公の仕方と出世の志向をどのようにすりあわせるのかということだ。

武士の上昇志向

大道寺友山《だいどうじゆうざん》は、「治国に生まれたる武士」の「治国の奉公」について、このようにいう。それは、畳の上を這い回り、手の甲をさすり、口先の勝負を争うのみのもので、「戦国の武士」のように身命をかけた働きとは違う。したがって、ひとかどの奉公をしたからとして自分では大きなことを成し遂げたと思い、主君の褒美の厚薄を心に懸け、不足の気持ちを抱くのは論外である。戦場の主君の御為に軍忠を励んで走り回る武士の心に、後々の恩賞などを考えるのは、ありえない道理だからだ。主君の御為にさえなるのならば、一筋にそれを思い勤め働くのが、奉公勤めの武士の役儀だ。したがって褒美があろうがなかろうが、自分の勤めを果たす覚悟さえあれば、褒賞の不足を述懐する道理もない。しかし、自分の勤功を誇って主恩を貪《むさぼ》るのは忠君ではない（『武道初心集』岩波文庫、一四五～一四七頁）。

治国の武士は恩を望んではならず、自分の勤功を誇り主恩を貪るのは本当の家臣ではないのだ。ただ一方で友山は、

「武士を心懸る輩」は、大身《たいしん》でも小身《しょうしん》でも、身体の健康を保ち、時運の来るのを待ち、是非一度は「立身」を遂げ、先祖の家をおこし、自分の誉れを永く子孫に残すことを願うのを本意とする（前掲史料一一七～一一八頁）。

ともいう。立身とは独り立ちの武士への取立を意味しようが、武士による上昇志向を否定していない。それどころか、武士であれば、小身であっても兵法《ひょうほう》を学んで軍法戦法の奥秘を会得するのが大事で、小身には兵法は不要という意見もあるが、それは違うという。

古今国郡の守護と仰がれ良将と呼ばれる人のなかには、「微賤孤独」より起こって大業を成し遂げた者が多い。したがって、「小身武士の中より仕出して立身を遂一方の将共な

るごとくの武士のあるまじきにあらず」と、小身から取り立られて立身を遂げ、立派な大将となるような武士はいないということはなく、兵学を学べば智と才の二つが開け、武士の学問に兵法にまさるものはないとした（前掲史料一四〇～一四一頁）。ここでの眼目は、武士にとっての兵法の必要性の主張にあるが、友山からすれば、小身の立身も自然なことなのである。

誰でもある身の浮沈

大道寺友山《だいどうじゆうざん》のような考え方が非現実的ではないのは、身の浮沈は子孫との関係で誰にでもあり、没落も昇進も子供次第だからこそ知行・金銀へのこだわりをいましめた香西隆清《こうざいたかきよ》の言からもわかる。

たとへいかほど金銀をため、知行《ちぎよう》を取ても皆子の知行也、我等いかほど外の算者をたのみ、勝手よくなり金銀を持、知行をとらせたり共、其子不覚悟なれば侍百姓町人に限らず、皆捨るもの也、又親小身にして朝夕もたへ〲なる者の子も利根発明なれば立身をし、百姓町人共勝手よく成ぬ（『七種宝納記《しちしゆほうのうき》』三〇頁）

百姓町人、つまり民と同列に、武士においても身の浮沈はある、という香西の主張は、知行・金銀など物質的な君主の恩への志向を憂える彼自身の気持ちがあろうが、その経験則（家老への昇進と若くしての罪による隠居）を踏まえたものであるのは確かだろう。

二つの奉公

もと紀州藩家臣で徳川吉宗《とくがわよしむね》にしたがって幕府に仕えた渋谷良信《しぶやよしのぶ》は、寛延《かんえん》二年（一七四九）、家訓「渋谷隠岐守《おきのかみ》筆記」を残した。そのなかで武士・家臣が奉公するのは、主君からの「厚恩」に報いるためであり、「立身」のために奉公するとは思ってはいけないと述べる。なぜなのか。

「立身」が目的であれば、思うようにならない場合、かえって主君に背き、人としてもあるまじきことを行ない、結局は子孫に伝えるべき自分の「家」をも潰しかねないからである。思うにまかせぬのが人生であり、それがさまざまなストレスを生むのは、現代の我々でも同じかもしれない。良信はとくに、

奉公を勤るものは、誰とても主君の気に入りたきと思ふものなれども、道理を弁《わきま》へず、一概に気に入べきと思へば、いふまじき事をも言、なすまじき事をもなして、終《つい》に君の心に背き、人の謗《そしり》を得る事多し（三条）

と、奉公が主君への取り入り、追従を生みがちになる、いわば人の性《さが》を言い当てている（『日本教育文庫　家訓篇』〈復刊本〉、四九四頁）。

二つの立身出世

松江藩の儒臣で藩校明教館《めいきょうかん》の教授に就いた桃西河《ももせいか》が、天明四年（一七八四、三七歳）から寛政一一年（一七九九、五二歳）にかけて筆録し

た『坐臥記《ざがき》』には、二つの「立身出世」が示される。功績（「功」）により周囲が押し上げる出世と、手段を選ばず地位（「位」）を目指す出世である。

治政に携わる役人としての功績（「仁政」）すなわち「仁」により「位」を得ればよいが、「位」を得ること、つまり立身出世を目的に「行」（手段）を選ばないのは、立派な人物はしないのであり、本来、人が歩むべき道を枉《ま》げて出世を望む人は立派な人物とはいえないとする（『坐臥記』『続日本随筆大成』一巻、一二三〜一二四頁）。

このうち「位」を目指す出世は公私混同に陥り、私利・私欲の発想が入り込む。そうなれば「立身出世」のために「不義」を働き（追従や、へつらいを意味していよう）、「金銀財宝」に目が眩む。「立身出世」は自分から求めるようなものではなく、功績をあげれば、おのずと主君・上司がそれを見い出し取り立ててくれるのであり、たとえそれが主君や上司に知られることなく出世できない場合でも、天や主君が定めた自身の運命であり、それを僻《ひが》み、恨んではいけない（同前、一二五頁）。

役自弁と私欲

ただ、家格に家禄・給禄は対応するので、「家の経済立たすと思はば、官を辞すべし」と、家禄以上の支出を要する役職就任は辞退すべき、と桃西河は考える。家格・家禄を越える役職就任を望むから、その高い役職相応の準備が自身にとり「家の経済」(家計)を越えたものとなる。したがって、「官物を私するか、賄賂を取るか、又は金銀をまはし利息を取るか」など、利殖に走り不正を働いて、私利を獲得するため血眼になるのである(『坐臥記』『続日本随筆大成』一巻、二〇八頁)。

武士たちにとり、軍役をはじめ諸職遂行は、自弁が原則である。行政職もそのような「役」の一つであり、「役人」「役職」という現代でも使われる文言は、このような歴史的背景がある。江戸時代の武士・家臣による役職遂行の費用も、基本的に自弁である。だから家格と役職の対応関係は、ある意味で合理的なのだが、次第に役職就任時に役料支給がされたり、役職に相当する家禄を設定し(「当高」)、家禄不足分(「足高」)を役職就任期間に支給する方法も、幕府や諸藩でみられてきた。ただし桃は、そのような人材登用策が、役自弁という武士本来のあり方と矛盾し、さまざまな利権行為の招来を懸念しているのだろう。

ただ、武士たちのいわば私利への欲求は、むしろ社会変化に対応する人材活用などの時代趨勢とも相まって、不可避となっていく。一方で、私利・私欲は、公儀を標榜する政権主体(幕藩領主)により、また、「御為《おんため》」を倫理規範の軸におく武士的理念からも、抑止の対象となった。

私欲とやる気

天野信景の観察眼

尾張藩中期の家臣・天野信景《あまのさだかげ》は、その大部な随筆『塩尻』で「奸《かん》謀《ぼう》」をもって主君に近づき出頭して寵愛を得、排他的な利害仲間を作りながら出世する家臣の立ち回りを「猿の狂言」と揶揄《やゆ》し、自分が正しいと慢心せず、周囲の者たちと謙虚に交じりながら智恵を出し合うことが、武士・家臣として大事と考えた（先述、五三・六七頁）。

天野によるこのような指摘は、自己中心的で不当な手段により成り上がりたいとの野心を持つ家臣たちが少なくない、という彼自身の現実の見方がある。もちろん、これは博学であっても、しょせんは大名の一家臣の思いにすぎないが、尾張《おわり》の地誌編纂にも従事した経験から、実証的な観察眼とデータ処理の手法を身につけたと思われ、『塩尻』に示される多方面の博覧な関心は、天野のそのような立場を裏づけてもいよう。

天野は、農工商の三つ身分の者（民）を支配して道を教え、その乱をなさしめないのを「士《し》」というが、これには、徳が高く智が明らかな「文士《ぶんし》」と、弓馬に長じ経略があり戦功を立てる「武士」の「文武二道」があるとした。このうち文士が相（宰相）となり、役人（官吏）を統括するとみる（『塩尻』二、『日本随筆大成』〔第三期〕一四巻、一八〇頁）。

もちろん広義の武士が、「文士」と「武士」に弁別されるのであり、官吏も実際には広義の武士・家臣であるのは当然である。これまで筆者が述べてきた、江戸時代の武士が役人・官僚的な性格を帯びるという意味は、天野がいう「文士」的な性格を武士が強く持ってきたのを示す。

「武」軽視の弊害

天野信景は、主君にへつらい、自分本位に「猿の狂言」よろしく立ち振る舞う家臣たちについて、武的なものの軽視、そして文的なものへの傾斜、いわば「文武二道」のバランスの崩れが、かかる人びとの輩出の背景にあると考えていた。

彼は、平和になり久しく合戦もないので、主君へ出頭して近習《きんじゅう》の立場にあるのをよいことに、自分に利潤をもたらす役職を垂涎《すいぜん》し、へつらい望むのは、聞くのもいやだと喝破する（『塩尻』二、『日本随筆大成』〔第三期〕一四巻、八八頁）。さらに、他藩では、年老いて勝手役（財務役人だが、行政職一般の意味か）に役立たない者を武役に就けている、と歎《なげ》く（前掲史料）。

武役（番方《ばんかた》）は、幕府・藩などが軍事体制の本質を持つため、本来は重視され高い家格の者が任じられるが、実質的な合戦がなく、漸次《ぜんじ》、名誉職のごとき性格を持ってきたのを言い当てていよう。

そして平和が続くなか、信景にとっての現代つまり江戸時代の武士たちは、「名利」を得るのに忙しく「我身と子孫と永き栄をのみ思ひ」（前掲史料三、『日本随筆大成』〔第三期〕一五巻、四四三頁）、自分とその「家」の名利や繁栄のみを考えるようになったというのである。

「文華」重視の弊害

天野信景は、我が子が在世の時に「かれが物まなぶ便《たよ》りにもと筆せし草案」（年不詳）を残している。いわば訓誡《くんかい》である。そこでは、文を好む者が「奸邪《かんじゃ》」となり、「国家」（藩）を危機に陥れ、自分や「家」も絶やす。したがって、家臣としての心得は、功をあげないままに、「家」の繁昌（昇進）を願ってはいけないというものである。具体的に彼の言を聞こう。
「文華」に敏《さと》い者は主君（大名）を悦ばし、道を枉《ま》げて権勢と栄誉を得て、衆論に合わせて僥倖《ぎようこう》（思いがけない幸い）を拡げ、主君の寵愛を受け、主君の前では賤《いや》しい鼠がひれ伏すごとくであるが、外では横暴が恣《ほしい》ままの貪《むさぼ》る虎である。有能な者が主君の信任を得るのを欲せず、策略を以てこれを排斥し、自分に諂《へつら》うものを挙げ用いる。そして漸《ようや》く自身の家禄が高くなり権威が強まれば、「自ら殺戮の柄を窃握て自権を専ら」、つまり人事権を不当に握り組織内での権力を確かなものとする。さらに「自利」を目指し、新法をたて、「一身の富貴貪る」故に、小臣が群がり、彼らは賄賂に走り、「阿党朋比の私」つまり利権集団を作り、「表裏交煽《こうせん》」という公私混同も甚だしい挙にでる。そのため「君子」（徳ある君主）が政治から去り、万民が逆賊となり、「君主独夫」（君主の孤立）となって滅び、姦臣《かんしん》も没落する。

と天野はいう。その上で、

君に仕ふるものは倫理を明らかにし、自分を守り、己れ能薄くして官の大なる事を恐れ、身功なくして家の昌なる事を恥とせば、何ぞ利禄のけがれあらんや

と、一つの見通しを述べるのである（以上、〈『塩尻』二、『日本随筆大成』〔第三期〕一四巻、

三五九〜三六〇頁)。

天野は、武士・家臣自身の「家」に重きをおくなと主張するのではない。大名の「御為」に尽くし、「民」の生活を守る、大名と民に対する責任ともいえる池田光政《いけだみつまさ》が唱えた「士《さむらい》の道」を忘れ、何の功績もなく、追従やへつらい、自己中心的な考え方で自分やその「家」の繁栄のみを考える、利己的な思考の広がりを、「文武の道」のバランスの崩れのなかで、憂えるのだ。武士の名誉心を物的・心的に支えるのが「家」であることは、武士である天野にとっても当然であった。これを踏まえれば「利禄の汚れ」はないのである。

名と利

武士は「名」(名誉)の追求は是とし、「利」(私利)をよしとしないとの見方は、江戸時代、とくに武士身分以外の人びとの常識であった。それは、もっぱら「利」を追求する商人層との比較においての認識である。

しかし、武士にとり、「名」と「利」は別物ではなく、ともに自己を成り立たせる器ともいえる「家」を、精神的また物質的に支えるもので、名利は武士たちが重視した自立的で私的な価値観と不即不離の関係にあった(笠谷和比古『武士道と日本型能力主義』二〇・二二頁。アレキサンダー・ベネット『武士の精神(エトス)とその歩み』九九頁)。

ただ、文武のバランスの均衡が取れなくなってきたのと同じく、名利のバランスも不安定となり、後者に傾きがちなのが江戸時代の武士たちの現実であり、それが政治や倫理の問題として取りざたされる。

〈武士は食わねど高楊枝〉、これは武士の実像とはいえない。そして私たちは、地位の流動が少ない世襲制の色合いが濃く出世の可能性が狭まるなか、天野信景が指摘した「君に仕ふるものは倫理を明らかに」するという武士の倫理性のなかで、「自分を守り」ながら武力重視から地位や特権の獲得競争へ向かう武士たちの様相を、改めて見直す必要もあろう。

いわば、保身のため〈慎み〉に泥んでいた武士たちは、自己を守るための〈私欲〉を契機に、〈やる気〉を起こすのである。

人事の要件

人事への関心

大名黒田家

近世の大名家とその家臣たちは、そもそも武士集団として軍事組織の性格を持つ。いうまでもなく、武士は本来、殺傷を生業とする人であり、自分が持つ殺傷の技（武芸）を売り物にして有力者に仕えてきた。戦国期は、そのような人びとが自分たちの活躍の場を求めていた時代である。この時期を通して形成された大名家は、有力者とそれに武芸や勇気を持って仕えた者たちにより作り出された武士の集団だ。

黒田氏は、播磨国《はりまのくに》姫路の赤松氏一族小寺《こでら》氏家臣の地位から織田信長《おだのぶなが》に通じ、豊臣秀吉《とよとみひでよし》配下で働くにいたり、豊前国中津《ぶぜんのくになかつ》で豊臣大名として取り立てられて朝鮮出兵に参陣、関《せき》ケ原《がはら》合戦に際しては徳川方につき、近世大名として筑前《ちくぜん》に入封《にゅうふう》、福岡に定着した。このような経歴を持つ黒田氏には、そのような天下人のもとでの戦働きで文字どおり大きな大名家の地位を得たという認識は強く、大名へ成長する黒田家への召し抱えの時期と武功の二つを基軸に家臣の差異化がなされていく。大名家の由緒（歴史）への武功を尺度にした貢献度で、これが家の格の基本である。

武功認識と格

福岡藩三代藩主・黒田光之《くろだみつゆき》から『黒田家譜《くろだかふ》』編纂を命じられた儒者・貝原益軒《かいばらえきけん》は、黒田家の歴史編纂の目的が「勇猛《ゆうもう》の士《さむらい》」の功名や武功を忘れないのにあったという。

そして、彼ら〈武功ある勇猛の士〉を大将として束ねたのが、黒田長政《ながまさ》（初代藩主）とその父孝高《よしたか》（官兵衛、如水《じょすい》）であり、明和五年（一七六八）と安永二年（一七七三）のそれぞれの神格化に際しては、「藩祖の軍陣」の数々（鎧・弓・鉄砲・幟《のぼり》など）が武功をあげた旧臣家の献納武具類とともに備えられた。黒田家を築きあげた「藩祖」と「勇猛の士」の「武功」は、いわば永久に記憶されることになった。大名家の由緒に関わる古き武功を有するか否か、いわば家臣由緒の差異化の発想が、江戸時代の中頃以降にも生き続いているのがわかる（高野信治「貝原益軒の「武」認識とその行方」）。

戦働きで武功をあげ、黒田家の近世大名への道を支えてきた家臣たちには、数千石から

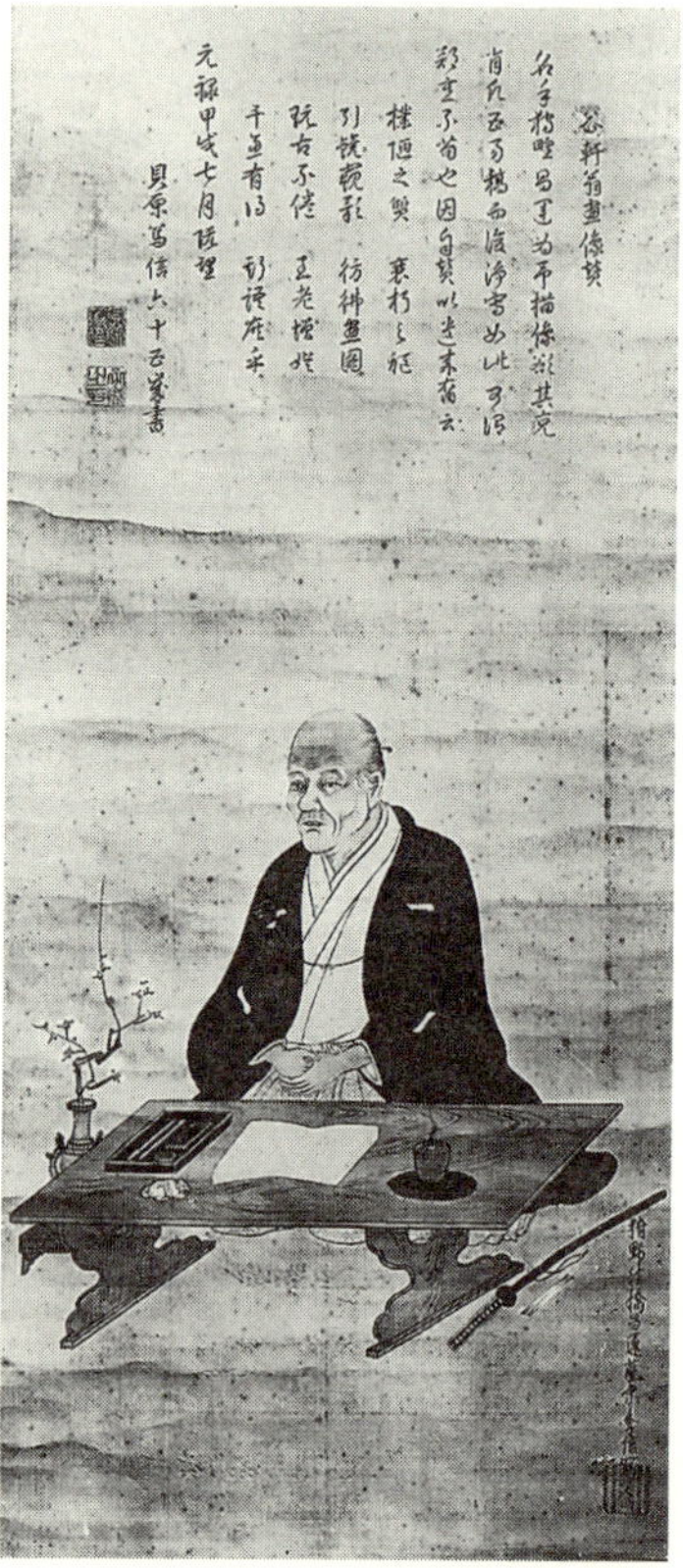

図6　貝原益軒画像

一万石を越える高禄が与えられた。高禄家臣は、いずれも黒田孝高に縁を持つ者ないしその子孫で、播磨時代から黒田家に仕えた大譜代《おおふだい》という格式をのちに与えられる階層である。大譜代は、召し抱え時期を基準にした格呼称の一つで、中津入封以降の家臣を古譜代《こふだい》、筑前入封後の家臣を新参と呼ぶ。

この格呼称が確認できる分限帳《ぶんげんちょう》（「慶長年中士中《さむらいちゅう》寺社知行書附」『黒田三藩分限帳』所収）では、大譜代七二家（総高一五万四八八〇石）、古譜代八四家（五万七五二〇石）、新参四五家（二万七九五四石）である。この大譜代のなかの二七家（人）について、貝原益軒は元禄《げんろく》四年（一六九一）に「黒田家臣伝」（福岡市博物館蔵「黒田家文書」）を編纂して、武功ある譜代としてとくに注目した。

高禄者の淘汰

しかし、武功・譜代が、平和の続く江戸時代を通じ、人事異動の中心的要素であり続けたわけではない。黒田長政が元和《げんな》九年（一六二三）に、「古参」と「武功」が家督相続の基本では必ずしもないことを、嫡子忠之《ただゆき》や家老層に明言しているのは、その方向性を示す。すなわち長政は、久しく召し仕ってきた家臣の跡目相続（嫡子など次期当主への家督交替）にあたっては、本人の知行（家禄）をそのまま相続させてきた原則について、次のように述べる。

其跡目之子廿四、五ニ成り候迄ハ、知行相違無く遣し置き、廿四、五過候迄もうつけ（虚け）ニ究り候ハヽ、其時知行召し上ぐべし……其方儀、三十歳ニ成り候迄ハ、古参之者ニ知行遣申され間敷く候、自然依怙《えこ》之儀これ有なと、述懐仕り者候へハ、家中猥わ敷く成り候て悪敷《あし》く候（『福岡県史　近世史料編　福岡藩初期（下）』一三八七号）

とした。跡目の子（相続者）が二〇代半ばぐらいまでなら、その資質も不透明であり知行をそのまま与えるが、それを過ぎても家臣としての自覚や資質に欠ける「うつけ」であることがはっきりすれば、知行は没収すべきである。また、忠之自身が三〇歳になるまでは、

「古参」の家臣（譜代家臣）へ知行を与えてはならない。なぜなら、そのことで家中社会を十分に知らない主君（忠之）は譜代家臣を依怙贔屓していると考える者が出れば、家中のまとまりが乱れるからだ。

相続の要件は、相応の年齢に達して明らかになるような家臣としての自覚や資質の有無であり、その要件は古くから黒田氏に召し抱えられた譜代家臣の場合でも同じだと、長政は黒田忠之に示したのである。

これとともに、家老層に対しても、

その方とも（家老たち）は、親・祖父以来、さまざまな合戦で武功をたて骨を折ってきたが、そのような特権意識に安住せず、家老たちも「諸侍中」同様にそれぞれ家臣としての「心さし」を持つことが重要なのは改めて言うまでもない（元和九年「御暇乞御書」「三奈木黒田家文書」）。

と、先祖以来の武功や骨折りに甘んじる特権意識を捨て、一般家臣同様な自覚を持つように促した。

この長政の言のとおり、武功を背景に高禄を拝領していた階層は、長政の代の後半から二代藩主・忠之以降にかけ、減知・分知などを通して統制が加えられ、家臣の出奔もあれば家中騒動（黒田騒動）も勃発した（福田千鶴『幕藩制的秩序と御家騒動』）。かかる過程を経て、おおむね知行取《ちぎょうどり》二〇〇〇石を境にそれ以上の階層は減少し、それ以下が増加する傾向が生じ、これにともない家臣の少禄高化（家臣一人あたりの拝領禄高の減少）が、漸次進んだ（柴多一雄「福岡藩の家臣団」）。

役勤の意識

武士集団である大名家臣団は、そもそも軍事組織であり、近世前期の段階には行政組織の整備は十分ではなかった。しかし、中期になると行政組織・役方組織が調えられてきた。これは、大名権力の強化にともなう役人機構の形成ともいえようが、漸次、大名（藩主）の個人的意向、人間関係を背景とした人事から、役方《やくかた》・実務中心の人事へと変化した。社会のさまざまな状況に対応した政治行政改革のなかの人事もみられるようになる。

ところで、かかる役方を勤める家臣には、どのような姿勢が求められたのであろうか。黒田長政が、侍の義理を知らず、奉公するのに陰日向な態度を取り、偽りをもって自分の行為を飾り立て、主君を欺き、自分だけが立身しようという心根を持つものがあれば報告するように目付へ指示（元和三年）したり、自覚や資質に欠ける虚《うつ》けや譜代意識への安住を誡《いまし》めていた（同九年）ことは指摘してきたが、この考え方は継承される。

享保一四年（一七二九）七月、明石四郎兵衛が財用方を御免（解職）となった時、偽飾をもって、自分の身の功名だけを考えた不実を行なったとされた。そして、仁義忠信の道徳心を無くし、主君や国政に役立とうという気持ちがなく、自分の功名をあげようとしたのは、才能があるだけに余計に罪が重いとされたのである（「長野日記」享保一四年七月一〇日、『近世福岡博多史料』第一集所収）。

ここから、家臣の役勤に際し、家臣として心がけねばならない立場をわきまえず、功名に執着する不道徳な者として断罪されている様子がわかる。意欲や才能は、家臣としての道徳性が備わっていなければむしろ有害という見方である。したがって、

世ニ有ル人、其の身格別之人材ニて御奉公精勤シ追々立身出世シ、或は新タニ知行賜リ又ハ禄ヲ加増シ御称誉等受シ人は誠ニ格別之儀ニて、其徳行深ク尊慕すべき事ニゾ有りける（「荒巻家記全部五冊之内　義之巻」〈安政二年〉、福岡市博物館蔵「荒巻信子資料」）

のように立身出世・加禄（禄の加増）には、精勤さとともに格別の徳行、道徳的な行ないが必要とも考えられていた。

このように、役方の実務評価には、能力・資質や自覚・意欲、主観的な主従（人間）関

係とともに、道徳的観点が重視されていた。それは主君への忠誠度を基準とするものであっただろうが、赤裸々な人間関係にも基づき、しばしば恣意的に作用した可能性もあろう。そしてさまざまな背景のなかで、家臣の人事は動くことになる。

日記を記す

長野仁左衛門は元禄九年七月、隠居に際し、組頭《くみがしら》黒田八右衛門へ「口上覚《こうじょうおぼえ》」（「長野日記」元禄九年八月五日）を差し出した。それによれば、仁左衛門は一六歳で藩主・忠之に仕え、その卒去（承応三年〈一六五四〉）まで七年間勤めた。その後、光之《みつゆき》に一〇年間、さらに綱之《つなゆき》（光之の長子、廃嫡）に一三年勤め、その後に還俗《げんぞく》を命じられた。僧体での勤めだったのがわかる。忠之の代より江戸参勤にも従い、五年間在府も二度経験した。五〇年奉公した現在、六五歳という。

仁左衛門のこの覚には、出世・昇進というよりも、勤め上げた自負、喜びが窺える。廃嫡される綱之（三代藩主・光之の嫡子だが、光之が綱之の資質に疑問を抱いたためか廃嫡され、その弟・綱政《つなまさ》が四代藩主に就く）に仕えたのは、仁左衛門の勤務履歴からすると必ずしもプラスにはならなかっただろうが、僧の感覚からかそれを意に介した風ではない。

その子源太夫は、元禄九年八月に仁左衛門の家督を相続した。無足組《むそくぐみ》一五石・四人扶持《ぶち》であった。源太夫は、その前年の元禄八年から日記（「長野日記」）を記し始めた。江戸・

長崎への旅役の際は情報が十分ではないので書き洩らすことが多いが、「某勤仕以来之儀」や「世上変行」について記したという。実際に、国元・江戸など、自分の勤務所在地の記録に自らの動静を加えた体裁である。

この日記によれば、彼自身は本丸玄関番・栗林平番（綱之配所）・制札掛・光之隠居所勤務などを、江戸・長崎勤務を挟みながらこなしてゆくが、その中心は御右筆方《ごゆうひつかた》勤務である。すでに相続二年後の元禄一一年九月に御右筆所見習を命じられたが、その後、右筆所勤や右筆としての長崎御番随従などを経て、正徳五年（一七一五）五月に右筆頭取に昇進、頭取《とうどり》として右筆所勤務二〇年余を過ごした。この間、光之の隠居所料より一人扶持二石の家禄加増を受けた。享保二一年正月一〇日に病没するが、日記はその前年享保二〇年まで記される。

人事への関心

内容は多岐にわたるが、その中心は人事記録である。そもそも源太夫が人事を中心とした記録を残した動機はわからない。右筆役という職務意識も想定されるが、家督相続の前年からすでに記載し始めるので、その可能性は低いだろう。昇進に淡泊であっただろう父仁左衛門と同じ立場か否かは知りえないが、彼が人事に関心があったのは、日記にみる多くの人事関係記事から推断できよう。

ここでいう人事とは、地位や家格の昇進や降格にとどまらず、役替や役罷免、家督相続や家禄の増減、罪科による禄召し上げや預け・暇、隠居や他家への召し出しなど、理由の如何《いかん》を問わず、身分異動の全般を想定している。また、御医師・御船頭・料理人などを含む、文字どおりの召し抱え家臣記事である。

日記から、近世中期の福岡藩では、頻繁な人事の異動があったのが理解できる。そこには、政治・社会の動きにともなう昇格・降格を含めた実務方人事、家格のみならず、個人の能力・資質・道徳性などに応じた人事が想定される。たとえば、元禄中期、四代藩主・綱政期には、年貢徴収役人へ厳しい姿勢があり、それは人事に反映された。

元禄八年、飯塚代官岡藤太夫が年貢引負のため流罪、翌元禄九年には代官梶原八郎太夫が同じ年貢米引負のため御役御免、同一〇年には御納戸組《おなんどぐみ》左野長寿自害のあと悴《せがれ》彦七に私曲《しきょく》があったとして罷免、同一四年には御納戸組白根惣次郎・中村源太郎は暇を出され、岡本茂太夫は勤務不良で罷免、同一五年には若松代官尾上藤太夫が支配米のうち四〇〇石滞納として御役御免の上、附者関尾十内が成敗された。

また、五代藩主・宣政《のぶまさ》期、正徳《しょうとく》三年六月には、綱政側近の隅田重時の罷免と同時に、「御内証銀承リ」役や、催合所銀奉行・御銀奉行・大坂御蔵奉行などの財政担当の役人が一括して処罰された。また諸所（遠賀《おんが》郡若松・同芦屋《あしや》・鞍手《くらて》郡底井野《そこいの》・宗像《むなかた》郡青柳・糟屋《かすや》郡箱《はこ》崎《ざき》など）の代官が処罰されているのも、財政問題と連動した地方支配役人の人事とみられ、元禄五年の地方役人（郡代《ぐんだい》・免奉行・代官・山奉行など）の大幅な交替人事に連動していたのが看て取れる（高野信治「近世大名家臣の役勤と人事」）。

このように近世中期、とくに政治行政改革へも連動しながら、人事は多様に動いていたのであり、かかる人事をめぐり、長野源太夫は関心を持ち、自らの情報収集の範囲ではあるものの記録しているのである。

評価のあり方

年功序列と成果主義

年功序列は、家格とともに、江戸時代の人事評価システムの基本であった。家格や年功は、ともに客観性を持つ。家格は、家の歴史性や構成者の働きにより変化する側面を持つものの、たとえば無足組の格の者がそれより上位に位置する大組の格を主張するのは無理である。年功の場合は、さらに客観的指標が高い。もちろん履歴詐称で勤務年数の虚偽申告もままあろうが、理念的には人為的な変更はありえない。

ただ、勤務年数の長さと、組織に有益な功績や成果をどれほどあげたのか、つまり組織への貢献度は、必ずしも比例するわけではない。就いた職務への適不適などが原因で、成果をあげられない人ほど、年功評価に安心するという側面はあろう。また、年功評価は人事査定者（評価者）の恣意性が排除される面もあろう。客観性を備えるというのでは、家格の場合も同じである。しかしそれでは、勤務年数が短くても組織への功績や成果を、他の構成者よりもあげたとの自負のある人びとは不満を抱くだろうし、であれば職務への士気（モチベーション）もあがるまい。

江戸時代の武士の職務は、主君への「役儀」という本質を持つ、主君（御為《おんため》）への忠誠義務で、いかなる条件でも果たすべき「役」である。功績・成果が認められないから職務への士気が減退する、というのはあってはいけないが、人情として実際には避けられない。構成者（家臣）のやる気を引き出すのは、組織（幕府や藩）を運営する者（主君。将軍や大名）にとり、大事なことなのだ。また、職務でより高い成果をあげる者をその職に就け、担当させる方が、組織運営の効率性という側面からいえば益にもなる。

年功序列と成果主義。前者から後者への人事の評価基準の変化は、現在でもしばしば話題になるが、その動きは、福岡藩の長野源太夫が関心を持ったような人事の動きのなか、江戸時代にもみられるのである。

岡山藩は江戸時代後期、次のような方針を示した。

一、昇進筋の事、格別の勤功もこれ無きに、年数を以て伺出間敷き事（寛政九年〈一七九七〉、『藩法集1　岡山藩・上』「法令集」七一六号）

とされる。このような方針がいつ頃から明文化されたのかは考慮しなければいけないが、昇進人事の際に、各別の「勤功」、すなわち成果によらない勤務年数を根拠にした申請が禁じられており、考え方そのものは時期的にさかのぼるだろう。

心得による人選

江戸時代の人事評価の基準は、家格・年功や勤功（成果）などを柱としつつも、多様なものが想定される。長野源太夫が示す人事への関心の一つは、政治的動向を背景になされるものであったし、後述するような人間関係（縁故や情実など。これも政治的範疇といえなくもない）や金銭授受なども考慮すべきだろう。

そのようななか、見落としてはならないのが、当時の表現でいえば、しばしば「人柄」と表現される基準である。もちろんこれには器量などの能力的な資質も想定されるが、人間性・道徳性や意欲・態度など、いわば心情的・情動的な意味合を持つ場合もあった。家格・年功などは客観性が高かったが、能力・資質や人間性・道徳性などはその判断が難しい。とくに心の問題は、明解な評価基準とはいえない。にもかかわらず、現代でもさまざまな面接の場面で、協調性や積極性などの人間性・心の問題に踏み込んだ判断がなされる場合もあろうが、江戸時代はとりわけ、かかる方面に厳格な眼差しが向けられた。寛政期の米沢藩の法令（寛政三年「御手控」『御代々御式目（四）』（米沢市史編集資料十六）「治広公御代式目」）にはこのようにあった。

家臣の「役儀」は「治国」つまり藩政（行政支配）に携わることであり、もし「心得」が「疎《うとい》」（不十分）者が任ぜられたら、領民の生活を損ね「国政」を誤らせ、それは「御国」（藩）の「盛衰安危」（将来のあり方）にも影響するので、役職担当者の人選は大事である。したがって、家臣が属する組を管理する者（組頭・物頭などと呼ばれる）は、彼ら（「組子」）の言動に心を配り、家臣（組子）の「人柄」を十分に確かめる必要がある。また、職務への適格性もあるので留意しないといけない。もっとも、「手功勤労」（勤功）や「年功勤労」（年功）も選考の判断基準の対象とする。勤功や年功とともに、「役儀」に対する「心得」を持つか否かの「人柄」を吟味する、とされたのである。

多様な評価

このように、江戸時代の人事評価は客観性がさまざまで、必ずしも明解とはいえないものまで含まれていた。あえてその高いものから低いものへ列挙できるとすれば、年功（勤務年数）や家格（家筋）、勤功（成果・功績）、そして器量（能力）や適格性（向き不向き）、さらに人柄（心得・人間性）という塩梅《あんばい》になろうか。能力や適格性などの資質については、「人柄」の範疇に含まれることもあろうし、試験・検査などを通したある意味合理的な判定・判断も可能だろう。

江戸時代は、そのような合理的・客観的な判定（試験）システムがないわけではなく、相応の実態もあるが（橋本昭彦『江戸幕府試験制度史の研究』）、必ずしも万全というわけではなく、試験結果に家格などの違ったレベルの基準が混在するのが、むしろ一般的であった。また、試験・判定制度の客観度そのものも、どのような人材を獲得する意図があるのかで、揺らぎがあろう。これに、長野源太夫が関心を持つ政治的動きが加われば、さらに人事の動きの複雑さは増す。

職務規程　職務規程と呼べるものは、諸役について作成された。財政基盤となる年貢徴収などに関与し、「御政事第一」とも考えられていた在方《ざいかた》支配（地域行政）を担う役職分について、岡山藩の例を挙げておこう。

一、先心を正しく義を明らかにするを本として、其職を可相勤
一、下民住宅を安居し、家職《かしょく》に不怠様に心を可尽之事
一、郡中之風俗善に移候様ニ常々心に不可怠之事

（寛文一一年〈一六七一〉、『藩法集1　岡山藩・上』「法令集」六九〇号）

岡山藩は一七世紀の前半に、池田光政《いけだみつまさ》の藩政改革により、家臣の地方知行《じかたちぎょう》が大きな改編をうけ、藩が統一的な領内支配を作り出していくが、右はその過程で職制整備が進められ、法令化された郡奉行《こおりぶぎょう》規定である。郡奉行は地域行政の要に相当する役職だが、第一条に「心」を正しくして職を勤めよ、と規定される。明和六年（一七六九）の在方役人への勤務規定にも「勤方《つとめかた》」について「心を付」「正道」であるのが強調され、実務とともに道徳・倫理性が述べられている（前掲史料七一二号）。

寛政八年の規定では、「御郡方《おこおりかた》」の職務について次のごとくある。

近年は年貢収入が減少し、村方は衰え、一方で奢り（贅沢）の風儀となり、農業が疎かになって、逆に商売人が多くなったと思われる。在方は「御政事第一」なので、諸役人がいずれも「心力」を尽くし、「御〆り」（支配業務）に「出精」すべきだ。大庄屋や庄屋の様子を細々と吟味して、奢《おご》りがましい、または「人柄」がよくない者について報告する。村役人を申しつける際には、身元（家柄）が宜《よろ》しい者や代々勤めてきた者が選任されてきたが、そうではなく、「廉直な人」を選任すべきだ（前掲史料七一五号）。

江戸時代の後半期には、百姓層の没落と、その耕作地を実質的に経営（地主経営）し商人化した富裕層も現れる。社会格差の拡大で、没落百姓は小作人《こさくにん》、さらに都市流入などで、農村が荒廃、年貢収納量減少という状況もみられた。そのようななか、在方支配を担う役人には、「心力」を尽くすように指示され、彼ら自身がまた、大庄屋・庄屋などの村役人に「廉直な人」（正直者）の選任を仕向けられた。

役人選任にあたり、「心」（心得や人柄に相当か）のあり方が、最も重視される評価・査定項目なのが窺えるが、これは郡方・在方業務を担う役人のみならず、池田光政がいう「御為」の「役儀」を果たす「士《さむらい》の道」として、広く求められたのである。

このような「心」や「士」（武士）のあり方、そして「役儀」つまり主君に果たすべき「役」としての勤めを関係づける考え方は、岡山藩独自のものではもちろんなく、江戸時代に一般的にみられた。

士道と役儀

久留米藩では、寛延二年（一七四九）に次の法令が出された。

「真摯《しんし》」な勤め方を怠り「御定法」に背く者が多い。「士分《しぶん》の法度」を守らない者は、その軽重により速やかに処分する。「御役儀」を勤める者が「御奉公」に励むのは「士道《しどう》」の常である（『藩法集10　久留米藩』「御書出之類」七二八号）。

かかる役儀を勤める家臣は、職務誓詞《せいし》を出した。文言形式は時期や領主、役職によっても大同小異であり、当時、地域や領主の相違を越え、広範に形成されていた役人規範の一端が示される。岡山藩の代官就役誓詞文言（宝暦五年〈一七五五〉）を掲げよう。

起請文前書之事

一、御代官役仰せ付けらるる上は、諸事御為毛頭疎意を存じ奉り間敷く候、御用の儀に付き、他人は申し上げるに及ばず縁者親類たり共、一切依怙贔屓仕まつり間敷き事（『藩法集1　岡山藩・上』「法令集」七一一号）

「諸事御為」の「御用」を勤めるにあたり、縁故をはじめ特定の者を優遇する不平等な言動はやらない、との誓約である。

しかし、役儀勤務の共有化される規範の存在は、むしろそうではない実態を示そう。さまざまな評価基準があるなか、「御為」としての「役儀」を果たしているのか。およそ、このようなことを目途に、武士・家臣たちは勤務評定を受ける。久留米藩の場合、次のようである。

勤務評定

家老から頭人・奉行・徒士《かち》など末々の家臣にいたるまで、職務を精勤し、怠慢があってはいけない。支配頭《しはいがしら》（組頭《くみがしら》）などは組に属する家臣の「優劣善悪」を詳細に報告し、それを受けて評価・査定する役人は廉潔にして公正な裁決を行ない、賄賂や内縁の者を贔屓する判断をしてはいけない（正徳三年〈一七一三〉、『藩法集10　久留米藩』「御書出之類」三〇九号）。

なお、評価については、次のようにいう。

組頭が査定報告する際は、独断ではなく、他の組頭などへ申し談じた上で報告（上申）する。家臣たちは「勤方の軽重」により褒美・取り立ての対象になる。逆に、不行跡、奉公疎略、病気と申して懈怠《けたい》が多いなどで勤方が不良の者は、本人へ肝煎《きもいり》（世話役）や親類縁者などが意見を加える（宝永六年〈一七〇九〉、前掲史料一九八号）。

独断の査定を避けて、複数者が関わるのだ。人事根拠であり、相応の厳格さが求められる。また、勤務評定が芳しくなければ、世話役（職務上の管理者か該当者が所蔵する組の組頭か）や縁故者が、本人へ自覚を促すものとされる。怠業者には、周囲の者が責任を持つのである。

評定・査定の重要な指標に、「皆勤」がある。当然、対象者は評価がよくなるので、その規定が細かく決められる。高崎藩では、一年間の皆勤者の書き上げが作成されるが、忌中・看病引・産穢などの場合は、それぞれの理由を記し、何日出勤と記載する。ただ、湯治は病気に準じて皆勤者に加えない（文化一三年〈一八一六〉、『藩法集5　諸藩』「高崎藩・雑記」四〇号）。湯治は療養の意味合いを持つが、病欠扱いである。

八戸藩では、皆勤に相当するか否か、次のようである。

まず、両親の病気で看病御暇の際、病人が快気したら皆勤にならないが、病死したなら皆勤扱いである。看病者の心的な負担を加味したものであろう。看病御暇は二〇日までで、これを過ぎれば出勤の上、なお病状がよくない場合は願い出とされた。親の介護問題など、現代にも通じる。

知行地（八戸藩は地方知行）への御暇（下り）は、七日までが皆勤である。ただ参詣、親類訪問の場合は、皆勤にならない。知行地へは領主として臨むことで、欠勤扱いにならないのであるが、「御為」の「役儀」は城下を基点に果たすべきものであり、知行地下りも日数制限がある（『八戸藩法制史料』三六五頁、四五一～四五二頁）。

兵農分離した江戸時代の武士のあり方が垣間見られる。

さぼる武士

なぜ職務の査定・評定が必要なのか。

それは藩側・管理者からみれば、怠業者と考えざるをえない武士・家臣がいたからだ。

まず、先祖の功や譜代意識にもたれかかり、家職を怠るという人びとがいた。「武士之家職をも心掛けず、先祖より奉公之功を頼み、いたつらに年月を送る輩これ有」という「譜代之筋目」とされる人びとがやり玉にあがる（天和三年〈一六八三〉、『藩法集1　岡山藩・上』「法令集」九〇三号）。先祖の功績にいわば胡座をかくようなものとされるが、いささか心証的で予見的なとらえ方だろうし、また実績をあげる新参者の自負に基づく実感の反映かもしれない。

しかし、より明確に、主君への「役儀」奉公にもかかわらず、サボタージュする武士が、あたりまえにいた。人は基本的に怠惰なのかと、自分を思い、身につまされる。

徳島藩での天保三年（一八三二）の規定では、役所出勤遅刻がいわれる。出揃いの時刻が延引し、「御用不捌《さば》き」、つまり仕事がはかどらない。御用によっては夜にかかることがあろうが、そもそも出勤遅刻は「御為」にならず、それは結果的に「下々迷惑」を蒙る。したがって、「油断無く心得」る指示を出すように、郡代《ぐんだい》、蔵奉行、新蔵奉行、北蔵奉行、町奉行、普請奉行、櫓《やぐら》奉行、安宅《あたか》目付《めつけ》、作事奉行、藍方《あいかた》代官、銀札場奉行、紙方代官、銀奉行、小仏奉行、町会所《まちかいしょ》奉行などに命じられた（『藩法集3　徳島藩』「元居書抜」二七八四号）。これらは地域行政や財務運営に携わる重要な部局の管理者で、彼らが配下で勤務する役人・武士たちに自覚を促すのであるが、少数の役所の問題とはいえず、事はいささか深刻なようである。

鹿児島藩では、早く仕事を終わりたい家臣の存在が問題になっており、天明八年（一七八八）規定では、すでに享保五年（一七二〇）に通達していたごとく（『藩法集8　鹿児島藩・下』「島津家列朝制度」三七五一号）、早期退出を考えている者が多い。御用によっては、夕方まで吟味を加え、結論を得なければならない仕事もあるのに、八つ（午後二時）を打てば、もっぱら退出しか考えず、月番家老（上司）の退出を待ちわびているような者もいる。奉行・頭人・書役などの年長者によるかかる態度は、若い者へも影響を及ぼすという（前掲史料三八二四号）。鹿児島藩では、部局役所の責任者の立場にある者でも早期退出者がおり、それをいわば平の役人（武士）も待ちわびる。上司が帰れば自分たちも退出自由だからだ。

嫌がられる旅役

久留米藩では、病気や都合が悪いなどと申し立て、職務交代を要求するのは、基本的に認めないとされたが（宝永七年『藩法集10　久留米藩』「御書出之類」一三一号）、江戸詰や他国使など、「旅役」と呼ばれる出張は大変で、「役儀」の考え方から、負担経費は自弁のため、回避したいのは人情でもある。

久留米藩では、江戸詰・他国使を病気・不勝手（経済的な困窮）などと称して回避する者があるのは、支配頭（上司）の問題とする。正徳三年一〇月に示される藩側の言い分は、このような役は分限や人品を基準に選抜しているのに、「安逸遊末」を優先し、支配頭もこれに同意している。したがって、職務精勤、旅役連続の者には賞を与え、在国の者には勤務の実態や旅役の多少を考慮し、江戸詰料として、むしろ一〇〇石につき五俵から一〇俵の納めを指示するとした（前掲史料二七〇号）。

支配頭も旅役を忌避する家臣たちの態度を認める傾向にあったのが窺え、旅役を多くこなした者を人事面で優遇し、在国履歴が多い者に、旅役を重ねる者の負担を方便に、上米《あげまい》（給料返還）が求められた（同前）。

勤務拘束を最小限に自由な時間を持ちたいとともに、経済的コストを強いられる役職も逃れたい、との彼らの本音が透けて見える。したがって、人事評価・査定は、業績（勲功）などを対象とするのみならず、職務態度をみるという点でも必要だった。

登用の必要性

評価・査定は、家臣が主君の「御為《おんため》」の「役儀」を十全に果たしているのかの確認行為であり、それに応じ武士・役人の昇進や降格、俸禄《ほうろく》の増減など具体的な人事がなされる。荻生徂徠《おぎゅうそらい》はとりわけ昇任人事について、

抜擢人事の功罪

ただ二、三人も一両人も下より賢才をあぐる時は、ただ今まで家筋《いえすじ》ばかりをまもりたる風のやぶるる故、万人の目付《めつけ》替りて、人々はげみ出来《しゅったい》して、いずれもその挙げ用いたる賢才の風になり、世界俄《にわか》に活きかえりてよくなる（『政談』岩波文庫、二〇七頁）

と指摘する。徂徠のいうように、昇任人事は他の構成員のやる気を刺激し、組織の活性化

につながる側面もあったろう。しかし、譜代《ふだい》大名・酒井忠挙《さかいただたか》が述べたとされるが、

たまたまは賤吏《せんり》より昇進するも、諸士《しょし》をはげまさるるためといふべけれど、ひたすら定例のやうになりもてゆくは、あまりにもつたいなき御事なり（「僖公文案《きこうぶんあん》」『徳川実紀』所収、山本博文『江戸に学ぶ日本のかたち』七三頁）

というように、抜擢人事が励みになる一方で、それが当たり前になるのは問題、という考えもあった。

俸禄の本質

抜擢人事への批判は、知行《ちぎょう》・俸禄の柔軟な宛行《あてがい》（所領・禄物を与えること）に対する根強い抵抗と関係があろう。徳川の譜代《ふだい》忠臣として深い自覚を持つ近世前期の幕臣《ばくしん》・大久保彦左衛門忠教《おおくぼひこざえもんただたか》は『三河物語《みかわものがたり》』のなかで、「地行《（知行）》を取」る五タイプをあげる（『日本思想大系二六　三河物語・葉隠』一九六頁）。

主を裏切るような者（「主に弓を引、別儀《（裏切り）》・別心をしたる人」）、卑怯で笑いものになる者（「あやかりをして、人に笑われたる者」）、うまく立ちまわる者（「御座敷の内にても立ち廻りのよき者」）、年貢収納などの財務職に長《た》けた者（「算勘《さんかん》のよくして、代官身形《みなり》の付たる人」）、他国から入った者（「行方もなき他国人」）、つまり自分中心に目先が利《き》く言動でうまく立ちまわる者や、忠教自身がそのような性癖が強いと考える新参者、このような人たちが知

行・俸禄を与えられるといい、「然共《しかれども》、地行《（知行）》を望ミて、夢々此の心持つべからず」と言い切る。

彦左衛門は、家臣の立場からの発言であるが、もと紀州藩家臣で徳川吉宗《とくがわよしむね》について幕臣《ばくしん》となった渋谷良信《しぶやよしのぶ》（前出七二頁）は主君の立場について指摘し、俸禄は家臣の先祖による戦功が基準で与えられており、主君の寵愛による恣意《しい》的な判断でその増減をやってはならないと、憂慮する（寛延二年〈一七四九〉、「渋谷隠岐守《おきのかみ》筆記」『日本教育文庫　家訓篇』（復刊本））。

俸禄・知行は、家臣先祖の戦功によっており、家臣側が自己中心的に望んだり、また主君の勝手な判断も許されないという考え方がみえるが、それは先祖の功績や重い家筋に対し知行は与えられ、由縁もない者に新規に知行を与えているのではないと、久留米藩法令にもあるごとく、大名にも共有されていた（天明四年〈一七八四〉、『藩法集10　久留米藩』「御書出之類」二一四三号）。

したがって、新知（新しい拝領高）や加増を、いまだ勤功（功績）をあげていない相続者に引き継いで与えるのかどうかは、経済的な事情（領国高）もあり、微妙な問題であった。

熊本藩では、本来は新知・加増はその相続者の知行高に加え、世禄《せろく》（相続者の俸禄高に加え継続）とされてきたが、これでは家臣への知行高が増加するため、宝暦期にその方針が改められ、従来の先祖拝領の知行とされた。しかし、抜群の功績・才能については、一代限りとせずに世禄とするが、それも三代目以降はもとに戻すと決められる（宝暦三年〈一七五三〉、『藩法集7　熊本藩』「度支彙函」三八五号。および宝暦六年、同三号）。

家格による俸禄（家禄）に、勤功・功績などに基づく加増高を組み入れるのは、近世武士社会の家格を軸とした階層秩序に変更を迫るもので、経済事情・財政問題もあって定着は難しい面もあったが、世禄化の考慮が必要なほど、人材登用を背景とする人事は不可欠になりつつあったといえよう。

登用の必要性

米沢藩中期藩政改革を行なった上杉治憲《うえすぎはるのり》（鷹山《ようざん》）のブレーンの一人・莅《のぞ》戸善政《きよしまさ》（前出、一二三頁）は、その立場から、人材登用の必要性を強く意識していた。しばらく彼の意見を聞いてみよう。

人を挙げるのは、安民《あんみん》を手伝わせるためで、素性の善し悪しでは選ばない。現在は、この職はこの列より、この役にはこの並《ならび》よりと、職・役により定めがあるので、軽輩《けいはい》を重職に、小役人を高官に昇進させるのは、そのような定め（旧典）を乱す恐れがある。しかし、賢能の抜群の者は、並を違えても超選して挙げ用いるのが安民を預かる主君の心得であり、それをともに実現しようとする大臣（家老）も同じ心がけであるべきである。

人は、才徳兼備の完全な者は稀で、何らかの「過」（欠点）がある。しかし、それに目を奪われて役職に相応の才能を活かさないのは、その人を廃《すた》れさすばかりか、優れた役儀、つまり安民の一助を失うことになる。障害を持つ人さえ、相応を考えれば、視覚障害者を音曲《おんぎょく》者に、聴覚障害者に火焼をいいつける類もある。人に長じた徳を採用し、小過を捨て、挙げ用いるべきだ。人選に失敗したら止めさせ、的確な人に変わらせるか、的確な人がいなければ、欠員でもよい。

民を治める国君《こっくん》（藩主）は大工・細工人、家臣は細工道具なのだ。主君に徳・器量があっても、不徳・不器用の家臣では、治政が実現しないばかりか、それを無益に混乱させ、民の生活を経済的に破壊しかねない。また、人の得手不得手、相応不相応を考えず、重職に小人（上に立つ能力がない人）を用い、小役人が賢者を使うのは、大材を小刀で、微細の彫り物に斧を使うようなものである。したがって、治政は人を選んで用いるべきで、よい人材があれば治政は成果を挙げ、人材がいなければ、治政は先へ進まないのである（『莅戸太華翁』三〇二～三〇六頁）。

財政窮乏にあえぐ米沢藩を、どのように立て直していくのか。治政の展開の仕方では藩自体が沈みかねない（治政不如意《ふにょい》での取り潰しは想定される）。主君・上杉治憲は「伝国の詞」（天明五年〈一七八五〉、『日本思想史大系三八　近世政道論』二二八頁）で、

一、国家は先祖より子孫へ伝候国家にして我私すべき物には無之候
一、人民は国家に属したる人民にして我私すべき物には無之候
一、国家人民の為に立たる君にして君の為に立たる国家人民には無之候

と、大名の立場を絶対視しない「国家」観を示した。大名個人の「国家」（藩）「人民」に対する私物観を排し、「国家人民」のために大名は存在する、とした主君・治憲に仕える莅戸善政の立場は明解である。役職相応の人選、これが大事なのだ。

図７　莅戸善政画像（米沢市上杉博物館所蔵）

それでは、実際にどのように人選し、人事は決められたのか。

家老の人事権と頭役

人事権を実質的に掌握するのは、家老などの治政運営の責任者であり、先述した組頭《くみがしら》・目付《めつけ》などの査定に基づき判断する体制であったと思われる。

加賀藩では、家老の職掌の一つとされ、跡目・新知・加増・扶持方《ふちかた》などのこと、諸役引き渡しのこと、閉門・改易《かいえき》ならびに宥免《ゆうめん》（赦免《しゃめん》）に携わる（貞享三年〈一六八六〉、『藩法集4　金沢藩』「典制彙纂」五八七号）。

近世中期の福岡藩家老・吉田治年は、正徳二年（一七一二）に、子や自分の兄弟たちに宛てた「遺書」（四月二一日付）のなかで、

もし家老に命じられれば、君をたすけ民を養うのを思うべきであり、家臣の昇進は「十人のさす所」をもってあたり、「私心」があってはならない。そして、人選の背景となる「人の道」を知るには、「聖賢の書」（儒学書）を読んで「学文」をおさめ、忠・孝、善・不善を学ぶべきである。

という（三木俊秋「幕藩体制内に於ける藩家老の行政意識について（二）」）。

また、近世前期の譜代大名・内藤義泰《ないとうよしやす》は延宝五年（一六七七）、嫡子義英《よしひで》に、「恩賞刑罰」「兼士《けんし》の進退用捨」、つまり家臣の人事は「政の大体」である、したがっ

て家老・用人《ようにん》以外は関わってはいけない。もしその職になく、しかも人事への「妄」（縁故や金銭などによる申し入れなどの意味だろう）を言う者があれば「追放」とし、「愛憎」によって、家老・用人がこのような「法」を枉《ま》げてはならない。と書き置いた。ただ、義英は病弱であるために、義泰の書置は、家臣全体への規範・教訓の性格も持ち、家老・用人への誡《いまし》めとなった（小沢富夫『増補改訂　武家家訓・遺訓集成』二七五・五二二頁）。

家老のもとで実質的な評価・査定をする者も、厳しく吟味され、人選される。鹿児島藩では家老に、次のように申し渡された。

人の事業才職に鑑み、職に応じた人選が簡要であり、したがって人選に当たる上役（頭役）も器量・知識が必要で、そうであってこそ下役（配下の役人）も従う。だからこそ的確な人選を行ないうる識者を登用すべきである。つまり、役人の才と職の適応を考慮して人選する頭役も器量が必要で、それがあって家臣・役人も統制がとれるのである。有能な役人選任をする頭役（組頭・目付などが担当）の登用、これは家老にとり重要な役割なのだ（明和九年〈一七七二〉、『藩法集8　鹿児島藩・下』「島津家列朝制度」三八一二号）。

日常的に頭役は、人選した役人の適不適に留意する必要があった。たとえば、訴訟を扱っていた書役・小役人が勝手向《かってむき》の役場に部署替えを命じられるなどして、配属の役場で、その任に合わない者がいた場合は、部署を戻したり替える必要がある。頭人は下役の勤め方を吟味し、器（能力）による配置（役）換えの考慮は頭役の役割である、と鹿児島藩ではされるのである（天明八年〈一七八八〉、前掲史料三八二五号）。

難しい評価

しかし、実際には人の評価は難しい。荻生徂徠は、「手前の目がね、手前の才智にて人の器量を知らんとする時は、かならず誤りある事也と知るべし」という。個人的な判断で人の評価はできず、必ず過誤が生じる。ではどうすればいいか。

徂徠は率直に、「人の器量を知る事は、その人を使うて見てその器量を見る」とした（『政談』岩波文庫、二二七頁）。その仕事への「器量」（能力・適格性）があるのか、やらせてみればわかるのは、もっともである。

ただ、そのような能力の有無は二の次で、より重要なのは本人の「心」の問題との見方もあった。岡山藩のある家臣はいう。

人の心は謀りがたきもので、表面的に好ましくみえても「心裏」の実・不実を考慮しなければならない。性格が柔和な者は人と争うこともなくよいが、「小人」になりやすい。また、周りに迎合し、自分に益すると思われる人に寄り添う。性格が「剛明」な者は、人に負けるのを嫌い物事の是非にこだわり、人と争いやすく、このため周囲の人びとの不評をかう。だが自分の身を顧みず、世間の評判に影響されない。したがって、「人品」・「功」の観点からすれば、後者（「剛明」の者）がよい。

そして、人を選ぶには、

人々才ノ第二ニシテ、実義ノ第一ナル事ヲ知上ハ、世上ノ諂俗《ヘツラヘル》モヨクナリ申すべし

（寛文七年〈一六六七〉、「加世八兵衛書上ケ」）

とした（上原兼善『「名君」の支配論理と藩社会』四三八頁）。

才能は第二で、実義が第一であることを知れば、へつらいもなくなるという結論には、明確な人事・選任基準の統一化が不十分な江戸時代の人事の困難さが予感される。そしてそれは、現代につながる問題であるかもしれない。

人と金

人材と学問・教育

領主と学問

人材の確保を、どのように行なうのか。

家格・家柄は、最も重視される要素であるが、固定的なこの基準では組織の活性化は失われる。また、同じく不可欠の指標とされた人柄、道徳性など、「心」をめぐっては客観性に乏しい。とはいえ、現実的には家格や人柄など、固定的ないし明確さに欠ける基準が重視される傾向が強かったのは、これまで瞥見《べっけん》してきた評価・査定の問題からも窺える。

しかし、「器量」や「才」という資質が、問われなかったわけではもちろんない。そこには、組織としての実績・生産性、それはたとえば、藩としての年貢高《ねんぐだか》・開発高・国産品などからなる経済力、また幕府や諸大名などとの政治力・交渉力など、総じれば〈国力〉とでも呼べるものであり、これを下支えするのが民政であろうが、そのような成果が十分に上がらないことへの危惧《きぐ》があったろう。

それでは、武士・家臣たちの資質向上には何が大事なのか。

その重要なものとして、主君（大名）も含めた教育による学問修得が認識されていた。寛永一一年（一六三四）、島津家久《しまづいえひさ》は一族・北郷久直《ほんごうひさなお》（都城《みやこのじょう》島津氏）への教訓状のなかで、「国家」を治めるのに学問より過ぎたるものはないと諭したという。

　百姓を召し仕《つか》う際には厳しくしてはならない。それは百姓が労すれば、その国や所領がなくなるのは古今よりあるからだ。『論語』にも用に節して人を愛し、民を使うに時を以てす、と記される。

　北郷氏のような「知行《ちぎょう》」（領知。北郷氏は本来、独立領主だが島津氏に家臣化）の支配も島津氏の「国」（藩領国）の支配も、つまり領主にとり、民を疲弊《ひへい》させない撫民《ぶみん》の対応は同じである。「主人」（主君）の心持ちにより、「人」（領民）の多少があるのは、「古文」にもみえる。主人の心持ちがよければ人が多くなり、悪ければ人は退く。とくに「武家」は人が多くなければ「弓箭《きゅうせん》」（合戦）ができない。

図8　島津家久画像
（尚古集成館所蔵）

島津家久は、このように儒学書に代表される「古文」を学ぶ意義を語っている（「御教訓之條々」『藩法集8　鹿児島藩・上』「島津家列朝制度」一五号）。

ここでの学問は、合戦をするための「人」の確保という、武士と民の関係を成り立たせているもののなかに位置づけられる。これは、近世初期という時代性もあろうが、武士による治政の核心である。

民の安定こそ武家領主が合戦（領域拡大につながる）をしうる基本であり、そのような治政のあり方を学ばなければならないと、家久はいうのである。

家格と教育　学問・教育は、安定した時代にも重要である。同じ島津氏の鹿児島藩の法令では、家臣は家格相応に振る舞うべきで、そのために教育は必要という。

さらに、

大身《たいしん》・小身《しょうしん》ともに我がままに成長したら、「国家の用」に立ちがたく、「気の毒」になるので、貴賤ともにそれを考え、出精すべきである。それぞれの「身分《（家格）》」は「見当《（見本）》」になるので、身持ちを慎み、家法を厳密にし、惰弱の風儀がないように心得て、文武の芸はもちろん、万端礼儀を正しくし、威儀を失わないようにしなければならない。大身は家柄相応の「役場」に召し仕《つか》われるので、「不才」で「書読」も不自由では、相当の「役儀」も申し付け難いので、分限《ぶんげん》に従い諸芸を嗜《たしな》み、律儀を守り風俗もよく「士風」も立つようにすべきである。「才不才」はあろうが、折角教育するので、「身分相応」に成長させるべきなのである（天明九年〈一七八九〉、『藩法集8　鹿児島藩・上』「島津家列朝制度」一六四号）。

ここでは、格と職の対応を前提に、いわば分相応の資質形成のために教育が必要とされている。

抜擢と教育

人材登用、抜擢人事と才能を活かすために教育が必要との考えは、とくに江戸時代中期以降、強くなる。

久留米藩では、「器量」ある場合の「制外の抜擢」がいわれる。「文武練達才徳出抜の者」は、大名との親疎《しんそ》や取り立ての新旧に関わらず、特に抜擢され厚い報償を受けるべきだ。そのほか小芸の者でも他の者に抽《ぬき》んでた者がいれば、相応に用いるべきである。多才多芸はいうにおよばず、一芸に秀でて師範より認められている者は、支配方へ申請すべきだ。その上で、本来の才能が明敏でもそれを開花できない者は、学ばないからであり、したがって未だ表に出ない子弟の才能発掘に教育は大事なのである。総じて父祖の「功業」のほかに、本人に「器量《（資質・才能）》」がある場合は、「制外の抜擢」を行なうべきであり、それを現実のものとさせるのが教育なのだ（正徳三年〈一七一三〉、『藩法集10　久留米藩』「御書出之類」三二〇号）。

　このように学問・教育は、家格相応の資質形成にも、才能開花による人材確保のためにも必要とされた。ただし、江戸時代の学問・教育は、必ずしも家格・身分制の枠から解き放たれた自由な存在ではありえなかった。

武士教育論

　福岡藩の儒者・亀井南冥《かめいなんめい》は、この問題について次のように理解した。禄《（俸禄）》は先祖の勲功として世襲されるのは当然としても、官《（役職）》は現在の治政を任とする以上、個人が実際に持つ資質こそ問われなければならない。しかし官と禄の世襲は江戸時代の行政組織の基本原理であり、そこは妥協が必要になる。いわば大名の特別な恩恵で辛うじて昇進し、藩政に参画しえた南冥は、幕藩制の秩序を基本とせざるをえなかった。しかし、賄賂政治の横行や、事なかれ主義の役人の資質のなさなど、いずれも「選挙之仕方宜《よろ》しからざる故」という「役人の撰ひ様《(選びよう)》」の問題と考えた。そうはいえ、禄高の大小を無視した人材登用ができないならば、人材の質向上が必要だ。とりわけ治政に大きな影響力を持つ家老などの上層家臣子弟の教育を重視した（辻本雅史『近世教育思想史の研究』一六四〜一六七頁）。鹿児島藩でもいわれる「身分相応」の教育を、南冥も主張している。

藩校と試験

家格・家柄の秩序のなか、学問・教育の実をいかに人材登用へ結びつけていくかは、大きな課題であったが、その糸口となるのが藩校設立である。

秋田藩では、九代藩主・佐竹義和《よしまさ》が国入りした寛政元年（一七八九）、藩校（明道館《めいどうかん》）の設置が決定、同五年に本格始動、同一一年にかけ、領内七カ所に郷校《ごうこう》も置かれた。そこでは、若年の初学者には『大学』『論語』などの基礎的な書物の素読と復習、勤学・参学と呼ばれる上・中級者には白文《はくぶん》の読解と暗唱、詩作とその添削が行なわれる。また、『五経』に『周礼《しゅらい》』『儀礼《ぎらい》』を加えた七つの科に分け、読書会（会読）を開いて議論する能力も磨かれた。有志による『史記』や『春秋左氏伝《しゅんじゅうさしでん》』の読書会もあった。藩校の蔵書（明徳館《めいとくかん》には二万五〇〇〇冊）も背景とした、かかる藩校教育は、政策を自ら立案し、重臣たちを説き伏せ、実現する能力を持つ者を生み出す。

そのような者の登用の機会になるのが試験（学業御試）である。秋田藩では春秋の二回実施され、文政二年（一八一九）頃から始まったようである。祭酒（藩校の最高責任者）の任にあった者の言によれば、

多人数の内より学問差等ニ従ひ……追々は教授・学館長とも仰せ付けられ候のみならす、其器ニ応し外の御役へも召し使われ候義ニ御座候

と、能力が評価され、諸士層にとり役方職務への進出もありえた。

試験で登用の機会が与えられれば、もちろん家臣たちは学問への関心を寄せる。しかし、弊害もあった。

体面と弊害

試験は、複数の参列者の前で受験者が講釈を行ない、同時に試験官の質問に答えるという形式であったが、試験が近づくと、その準備のために、家臣たちが日常の学習をおろそかにし、教授もその準備で忙殺されたという。これは、受験生自ら昇任につながる可能性があるためであり、また「その上、人前にて講釈等致させ難問致し、恥を与え候様の義宜《よろ》しかる間敷《まじ》き趣申し聞き候」と、ある祭酒がいうように、不出来な場合は、他者の面前で「恥」を与えられることになり、体面を重んじる武士・家臣には耐えがたかったためであろう。さながら過熱する受験勉強であり、一方では、武士の名誉や格式を重んじることか

らくる心情でもあった。この事情を勘案し、祭酒は試験の廃止を求めたのである（文政一一年）。

これに対しては、「怠り候わば進まず候とて、出精の者励《はげみ》に相成る」ので「相止み候訳もこれ無し」との反論もあった。努力（出精）する者の意欲を削いではいけないというものである（以上、秋田藩の事例は金森正也『藩政改革と地域社会』三〇〇～三〇一頁、および同「藩校」）。

試験制度には、武士たちの格や体面が傷つくのを恥じる意識が張り付いている。もっとも、試験の成績の良さと職位の高さは、必ずしも比例したわけではなかった。幕府の学問吟味の成績優秀者の登用慣行でいえば、受験者の成績の程度（甲・乙・丙）よりも、受験者の家柄（「両番筋《りょうばんすじ》」「大番筋《おおばんすじ》」「小十人筋《こじゅうにんすじ》」など）の高下に比例した職位、いわば家柄（家格）に応じた任用がなされたのである（橋本昭彦「武士の出世と学校生活」一四〇頁）。高い家柄の者が成績不良では「恥」なのだ。

このように、試験制度は客観性があり、成績で能力が認められれば出世のチャンスともなったが、家格制の壁は厚く高いという面も強かった。

子供の読書

加賀藩では延宝六年（一六七八）、一五歳までのうち、『孝経』『小学』・四書（『論語』『大学』『中庸《ちゅうよう》』『孟子《もうし》』）など、「無点読覚《どっかく》」（白文読み）の者は望み次第召し出し、さらに手跡が調う者も必要なので、一五歳以下の者について吟味すべき、とされた（『藩法集4　金沢藩』「典制彙纂」九五三号）。

出仕には基本的な儒学書の読解力が必要であり、また、堪能な筆跡力を持つ者が不足気味で、年少者のなかにも求められた。後者は、江戸時代前半という事情があるかもしれないが、読み書きの能力は、江戸時代の武士・家臣に必須である。

このうち、読書のやり方について、松江藩校明教館《めいきょうかん》の教授・桃西河《ももせいか》（前出七二頁）は次のように述べている。

> 子供には『孝経』『大学』『中庸』『論語』『孟子』『書経』『詩経』『礼記』の素読が必要である。年齢的にはきついのを考慮してだろうか、薄いものから読めば退屈しない。素読が終われば、孔子家譜《こうしかふ》の類や『史記』などから義理を学ぶ。それより『春秋左氏伝』などに進む。経書は難しいので、まず事実を記した書で、おもしろいことを悟らせ、経書の講談を聞かせる。志が定まらないうちには、雑書を読ませない。読書の目的は、家では修身、官に臨んでは治国のためで、物知りになるためではない。したが

って、風雅を嗜《たしな》み詩文をつくるのは聖人の道ではない。桃によれば、「学問は誠意正心、修身斉家、治国平天下の道」を究めるためであり、「書を玩物」とするのは誤りなのである（『坐臥記《ざがき》』一一九〜一二二頁）。

江戸時代中期の藩儒学者である桃は、取り組みやすい読書法を提示して実践的だが、それは役人としての武士にとり、読書が欠かせないという考えに基づくもので、読書ぎらいは好ましくないのであり、それは子供の頃からの取り組みによるのだという。ただし、趣味の読書は、少なくとも役人の仕事に携わる間は認めなかった。

青年の読書

幕末期の鹿児島藩家臣に、天保三年（一八三二）の一七歳の時から安政五年（一八五八）に亡くなるまで、日記を書き続けた者がいる（『鹿児島県史料　鎌田正純日記』）。鎌田正純《かまたまさずみ》という。

鎌田家は藤原氏の出といい、直接の祖は鎌田を称した藤原通清である。鎌田家から島津氏の家老を勤めた人物が、天正一九年（一五九一）の正近（一九代）、寛永一四年の正統（二一代）、明暦二年（一六五六）の正勝（二三代）の三名おり、このうち正勝は藩主・島津《しまづ》家久《いえひさ》の庶子、さらに正長（二四代）も藩主・光久《みつひさ》の庶子という名門である。正純は三〇代にあたる。

正純は一一四二石余で一所持格《いっしょもちかく》（持切名《もちきりみょう》として支配地あり）という家格だ。正純が書き始めた日記で、当初の七年間ほど、つまり彼の青年時代といってよい時期、文武修業の記事を書き連ねている。自分一人での学習稽古、式日・式夜を定めてグループで会読したり、講義を開くなどもしている。日記つけ始めの頃は、述べたようなさまざまな学習パターンで、およそ三日に二日は勉強していた様子が窺える。

それが顕著に変化するのが、天保九年である。何か期するものがあったのか、日記冒頭に文武修業についての式日・式夜の一覧を掲げる。「会読」「史読会」「七書読」など、読書内容についての討議・議論なども寄り合ってなされたのであろう。本年記事冒頭にはその対象になったと思われる書名（儒書）が列記される。さらに、この年の正月元旦の記事より、就寝時刻を記す前に、その日に行なった文武修業について書き留め、読書学習した書名も記す。ちなみに正月元旦は武芸稽古はしなかったようだが、

今日中素読孟子弐十三枚・近思録為学□頭一説・手習少々、右の通り相学び候事、今晩五ツ半比にて候わば寝候事

とある。

日記記載初めの天保三年から、紹介した変化がみられる同九年までの七年間に、鎌田正

純が独習や集団学習の機会を通し読んだのは、和漢の古典である。儒学書を軸にする漢学分野では、儒学の古典（四書五経）、易経に関わる『太極図解《たいきょくずかい》』、朱子学《しゅしがく》の入門書（『近思《きんし》録《ろく》』）から歴史書（『史記』『軍談書』）・文学（『唐詩選』）などにいたる。また和学分野では、文学（『古今集《こきんしゅう》』『新古今集』『後撰集《ごせんしゅう》』『曽我物語《そがものがたり》』）、儒学書（熊沢蕃山《くまざわばんざん》の『集義和書《しゅうぎわしょ》』『集義外書《がいしょ》』、江戸後期儒学者・太田錦城《おおたきんじょう》の随筆『梧窓漫筆《ごそうまんぴつ》』）、歴史・政治（『義経勲功記《よしつねくんこうき》』『続太《ぞくたい》平記《へいき》』『関ヶ原古闘録』『大岡政要（政談）』『銀台遺事《ぎんだいいじ》』、篠山《ささやま》藩・万尾時春《まおときはる》の農政書『勧農固本録《かんのうこほんろく》』）など、これも広範に及んだ。

学問と立身

学問・教育はそもそも何のためにするのか。

先の桃西河は、身を修め、家をととのえ、国を治めるためと、藩儒学者らしく述べる。

同じ藩儒で、天保二年に加賀藩明倫堂《めいりんどう》助教（のち教授）となった陸原大次郎之淳《くがはらだいじろうゆきあつ》は（禄高一四〇石・職俸七〇石拝領）、

学問は「立志」を基本とし、「国家」のために忠功をいたすものだ。ただし、「出世」「外見」のみを考えてはならず、学問は「臣職の当務」、つまり職務にあたる家臣の果たすべき務めである。

と位置づける。したがって、学問は実行・活用と究理を柱に広く学ぶ（博識）もので、自分を是《ぜ》とした「勝劣の心」での学問は否定される（「従学心得之事」『金沢市史・資料編5　家中　近世三』三四四頁）。

松平定信《まつだいらさだのぶ》のブレーン・柴野栗山《しばのりつざん》は、試験・学問による人材選抜を、中国の士大夫《したいふ》制になぞらえ、中国の科挙《かきよ》（大変に難しかったという士大夫選抜法）にならって試験をするのは立派なように思われるが、中国と日本は国のあり方や解決すべき課題も違うために、江戸幕府は開設以来そのような試験制度を採らなかったし、その実施は、軽薄な競争心を煽り、自己の利益のみを貪り追い求める手段になりかねない、と憂慮する。主君への奉公や公共的な価値よりも自分の「利」を優先し、そのための昇進・出世をめぐる競争であり、その目的をとげる手段としての軽薄な勉学には意味がないとした（橋本昭彦「武士の出世と学校生活」一四四頁）。柴野の考えは、陸原のそれに近いだろう。

学問の試験について、旗本《はたもと》・森山孝盛《もりやまたかもり》は『蜑焼藻《あまのたくも》の記《き》』に、

きのふまで浄瑠璃三味線《じようるりしやみせん》に心耳こらしたる者が、四五十日が内に、そこら講釈を聞覚えて、試学に出るやから（輩）多し

などと、受験勉強に要領よい幕臣《ばくしん》について批判的に記す。受験中心学習に相当する「形」

ばかりの修業は、幕府目付《めつけ》の目にも問題として映ったのである(『日本随筆大成』〔第三期〕一二巻、二三六頁)。

秋田藩の藩校祭酒が憂慮した、成績をあげる試験が目的化した教育は、私利による競争としての受験学習という弊害として、江戸時代の学問教育や試験制度が孕《はら》む、普遍的な問題なのである。そして、このような教育も、十全な客観性を担保しようとすれば、武士社会の根幹秩序である家格制と抵触するのは明らかだ。努力しない高い家格の武士が低い成績では「恥」で、努力してより優秀な成績をあげた低い家格の者による役職就任は難しかった。もしあるとすれば、理不尽な妬み・恨みも人から受けよう。

自己の向上、上昇志向を持つ立場からすれば、本来は人を育てる役割を持つ教育も、このような限界があった。ただ、江戸時代の武士たちは、そのような人との関わりも大事にしており、それがキャリアアップにつながる前提ともなった。

大事な人間関係

武士らしい嗜み

大道寺友山《だいどうじゆうざん》は、武士の心得（「武士道」）には、平時のもの（常法《じょうほう》）と変事のもの（変法《へんぽう》）があるとした。このうち、常法は士法《しほう》＝勤め、兵法《ひょうほう》＝武芸であり、変法は軍法＝軍陣、戦法＝戦闘とする。武士は戦闘者であり、友山はそのような立場を重視していたので、心得の基本が、軍制に関わるのは当然だが、留意されるのは士法についてである。彼の言を聞こう。

「武士」とみえるように、「身を持なす」のが士法である。学問・教育、身だしなみ、言葉遣い、立ち振る舞いなど、日常的な言動の嗜《たしな》みが大事である。そこには緩慢な「只居」（ぼんやり過ごす）ではなく、緊張した「行儀作法」が必要である（『武道初心集』岩波文庫、四一頁)。

このような友山の主張は、日常でも不覚を取れない他者の視線(渡辺浩『日本政治思想史』三六〜三七頁)を意識したものかもしれない。

彦根藩家臣・三浦元宣《みうらもとのぶ》(知行三五〇〇石)は、宝永四年(一七〇七)の初めての江戸詰《えどづめ》の際、母・智光院が一〇ヵ条の訓戒書を与え、その最終条で、

今回は初めての江戸詰で、皆があなたに目を付けております。ですから、ちょっとしたことでも目につくものです。二度目の江戸詰からはそのようなことはないでしょう。はじめての江戸勤めで悪い評判になると一生の傷になりますから、今回が大変大事なのです(『新修彦根市史・第二巻・通史編・近世』二四一頁)。

と、はじめての江戸詰に際し、注目されており、悪い評判が立って一生の傷にならないように気遣った。武士として、役人として一人前なのか、周囲の眼差しは案外と厳しい。

自己中心は損

大道寺友山が、家格秩序のなかで、上司などへの軽々な批判を誡《いまし》めたのは、先に触れたとおりだが(六二頁)、「大口《広言》」をたたいてもいけないという。

昔(「其の時代」)の広言者は、自身の武功や高名の栄誉に比べれば拝領される知行や

与えられる職務は物足りないと、戯れた心で相手かまわず、威勢よく放言する。しかし、主君をはじめ家老・年寄たちが、その者の言動は法外ではなく尤もなことだと考えてしまうような、広言者の「腕に覚《おぼえ》ありての」自信に満ちた「大口」であった。戦場での功名をあげた者たちが、その割りには役職・俸禄《ほうろく》に恵まれないと言いたい放題だが、主君や重臣たちは別扱いする、いわば実力をともなった「大口」なのだ。

しかし、今（「当時」）は、合戦の経験が一度もない者が、気の合う仲間を作って寄り合い、他の仲間の「噂」（批判）をし、「おのれにばかり利発」とうぬぼれるような「うつけもの」（愚か者）で、それは「馬鹿口たゝき」だ。

とする（『武道初心集』岩波文庫、九二〜九三頁）。

人への気遣い

このような自分（たち）本位の批判は、周囲の反発を生むだけで、むしろ穏やかな言動で気遣いを示すのが大事なのだ。

大番《おおばん》・書院番・小姓組番《こしょうぐみばん》・新番・小十人組《こじゅうにんぐみ》の「五番方」に属する幕臣《ばくしん》・旗本《はたもと》、すなわち番衆《ばんしゅう》たちの心得を、多少の皮肉も込めて歌い込んだ「番衆狂歌」（江戸中期頃の成立か）には、武士による人（同僚や上司など）へのそのような思いが読み取れる。

大道寺友山も指摘した「大口」をたたくような自分への買いかぶり、知ったかぶりは、惣しての人も茶湯ハ少し知る、茶人らしきハ出合の邪魔（「番衆狂歌」）である。誰でも多少の知識・経験を持つ茶の湯で、茶人らしい振る舞いは却って浅はかさが見透かされ、人間関係が作りにくい。そして結局は、狭い家中《かちゅう》社会、職場環境のなか、

在番《ざいばん》ハ人の器量や勝手向（経済状況）みへすく様に知れる小屋中（「番衆狂歌」）

と自分の姿はさらけ出されることになる。しかし、自分の立場を少しでもよくするための、積極的な人間関係作りは大事だ。番入り（職場入り）した際には、

御番入御礼廻りに御老中、若年寄衆頭へもゆく（「番衆狂歌」）

老中・若年寄など上層の上司たちへお礼参りに行く。直属の上司には、

頭衆へ見廻ハ月に一度也、暑寒非常の見舞外也（「番衆狂歌」）

月一度の割合で季節その他の見舞いをする。その心遣いは欠かせないのだ。上司ばかりではない。

近辺の相番又ハ古番へハ常にしたしく付届《つけとどけ》せよ（「番衆狂歌」）

同僚や先任者への付け届けをする。さらに、

番頭、組頭、中用人を書留て置折あらハ逢へ（「番衆狂歌」）

と、上司の使用人たちへの気遣いも忘れてはいけない。そして、自分の考えや判断は差し

控え、何事も同僚や先任者に
入番ハ利口才覚指し扣《ひか》え、只何事も相はんに聞け（「番衆狂歌」）
うかがいを立てるものとされ、出張の準備も
道中の用事支度の品々ハ古番の人に聞合すへし（「番衆狂歌」）
なのである（以上、「番衆狂歌」『改訂史籍集覧』第一七冊、七九五～八一一頁）。聞かれた方は、自尊心をくすぐられ、まんざらでもあるまい。

とくに、先任者がつむじをまげたら仕事に支障をきたそう。幕末期に御徒《おかち》であった山本政恒《まさひろ》が、還暦に際し述懐した記録（「政恒一代記」明治三四年〈一九〇一〉）のなかで、「番衆狂歌」に歌が載る番方勤《ばんかたつとめ》のような幕臣たちについて、
古参の者を尊び、一々聞かざれば勤め難く、因《より》て自から新古の差別甚《はなは》だ敷《しく》、若し古参の言に随がはざれば、一同の悪しみを受け勤め難し
と記し、「古参の者」の言動には、憎しみを買わないように従った方がよいという（山本政恒著・吉田常吉校訂『幕末下級武士の記録』一一三頁）。

人への気遣いは、円滑な人間関係を願っての行為であるが、これが出世につながる場合もあったろうし、なかにはそれを露骨に狙う追従者もいたろう。

養子と出世

そうはいえ、序列社会としての江戸時代は、格（家格・家禄《かろく》）を超えた身分異動は難しかったが、養子（高位の家への養子）はかかる格違いの異動、身分上昇の糸口となった。

養子は主として二つの局面で、考えられていた。一つは筋目《すじめ》や格、いま一つは器量や勤めである。筋目とは親類関係を意味し、格としては家格や家禄（石高《こくだか》）などが具体的に考えられていた。「番衆狂歌」には、養子は親類（筋目）にとり大事として「惣しての養子事こそ大事なれ親類寄て談合せよ」と歌が載る。養子は「家」を軸にした筋目に当たる親類層の問題であった。

鳥取藩では、実子がない者が養子を願う場合は、親類のうちから選ぶが、親類に相応の者がなく、筋目がない者（親類にあたらない者）を願う場合は、子細を述べるとされた。婿養子の場合は、筋目がない者でも娘年頃相応の者であればよかったが、身上・格式が相応ではない者などは、願い出が禁じられる（享保一三年〈一七二八〉『藩法集2　鳥取藩』「御旧法御定制」一四号）。養子選任にあたり、筋目以上に、格が重視されていたのがわかる。

そもそも養子制度は、社会階層の流動化と固定化のいずれに機能したかを考えれば、前者には否定的だったとされる。養子は家格・家禄の世襲制と組み合わさり、階層移動を極小化するためである。しかし、これは家臣上層部に特徴的なことで、下層部は養子が階層移動の手段となった側面もあった（磯田道史『近世大名家臣団の社会構造』）。

そこで、下層家臣の場合の階層移動について、鍋島佐賀藩の事例をみておこう。

階層の移動

佐賀藩徒格《かちかく》の高柳家の三男として文政七年（一八二四）に生まれた信邦《のぶくに》に、天保四年（一八三三）、手明鑓格《てあきやりかく》（徒格の上格）の武藤家から婿養子の話があった。「格合違《あわせちがい》」（格違い）の婿養子（婚姻）が認められていなかった佐賀藩では成り立たないのであるが、ある操作が行なわれた。

信邦の姉の夫・坂井利左衛門の弟・謙光が出家していたのを幸いに、信邦を坂井家の二男として、藩に縁組願いを提出したのである。坂井家は手明鑓なので格違いには当たらなくなる。信邦は天保一四年五月、「坂井助之允《すけのじょう》」とし、年齢も謙光の二六歳に合わせ（実際は一九歳）、佐賀城本丸へ登城し、武藤家（寛次）の跡式相続《あとしきそうぞく》が認められたのである。

履歴詐称といえなくもないが、信邦（助之允）にしてみれば、格違いの出世を果たし、その後も徒格では果たしえない履歴を、行政官・軍人として重ねた。実は徒格・高柳家の二男・四男も手明鑓の家へ養子に入っており、信邦は必ずしも特別の存在ではなく、藩も詐称まがいのことを黙認していたのであろう（伊藤昭弘「佐賀藩手明鑓・武藤信邦の生涯」）。江戸時代は、人事評価の基準に、家格・成果・能力・人物などさまざまなものがあったが、客観性の担保が難しかった。このようななか、かかるイレギュラーな階層移動も認知される余地があったのであろう。むしろ、個人の才覚や主君の寵愛による出世が、家格社会としての活性化を促すという側面や考え方があったのは先に触れたとおりであるが、養子も世襲制の弊害の是正の役割を果たしたともいえよう（大石慎三郎『将軍と側用人』）。

必要な器量者

養子の条件は、筋目や格が相応であれば誰でもよいというのでもなかった。そこで第二の局面が出てくる。対象者の器量や勤めぶり（ないしその可能性）である。

家の運営や役儀遂行などの能力がなければ、論外であろう。上田藩ではとくに同姓以外（つまり筋目がない者）の養子縁組には器量を選び、生質を見極め、「往々相勤むへき者」であるのかを、養子を出す側と受ける側双方が議定し、決めるとされた（年不詳『藩法集5　諸藩』「上田藩・御家法」の「養子縁組之事」）。

とりわけ受け入れる側は、器量者に恵まれないゆえに養子を希望する。「実子ても悪名立《たち》し曲者《くせもの》ハ病人にして養子願へよ」（「番衆狂歌」）と、非器量者（悪い評判が立つ者）は病人に装われ、養子を据えようとする。しかし家筋意識は根強い。そこに葛藤もあった。久留米藩では、藩側から器量者の養子取りを指示される前に、主体的に養子を受け入れ、先祖の勲功への面子《めんつ》を立てるべきとされた。概要はこうである。

勤め方で「不行跡」（好ましくない言動者）または「愚昧《ぐまい》長病」（知的障害者や長患いの病人）の類は、親類で詮議し、養子を取るべきである。しかし、そのまま差し置いている場合がある。もし「上」（藩）から養子を指示するのであれば、それは「先祖の勤功」に対し、嘆かわしいので、あらかじめ弁《わきま》え早く養子を取る。番頭《ばんがしら》以上の面々は、先祖勤功によって就任し、平士《へいし》（一般家臣）に対する差配を委ねられる。しかし、職務に怠惰・放逸で士道《しどう》を守らず、不学文盲で武術も怠って、平士を指導できるのか。名分も立たないまま過ぎれば該当者（勤務を十分にこなせない番頭以上の家臣役人）の一類（親類）が協議して、養子を取るべきである。そうしなければ、上の裁許に及ぶが、それは先祖の勤功を失墜させるので、それを考慮し、番頭以上の家臣は勤務すべきである。

ここでは一般家臣の上司に相当する番頭以上の器量・能力について、それが不十分でも、養子を取り的確な者への相続をしない場合があるとされる。それは、家臣側が先祖勲功を重視し、それに関わらない者の受け入れ（養子）を拒絶する傾向にあるからだろう。しかし、藩側はその先祖意識を逆手に取り、上から養子取りを指示されれば、先祖の勤功に対し、かえって嘆かわしく、その失墜になるとし、家臣の先祖勤功を媒介とした主体性に期待したのである。不出来な者は養子を取るべきだが、養子を取る側にすれば先祖勲功重視の慣例に反する行為とも認識された（延享五年〈一七四八〉、『藩法集10　久留米藩』「御書出之類」七二二号）。

しかし文化四年（一八〇七）、久留米藩では、禁止されていた中小姓・徒士《かち》中より馬廻《うままわり》以上の格への養子縁組の解禁に踏み込んだ（前掲史料三一六九号）。個人の器量・能力を重視し、格違いの養子を認知する時代趨勢《すうせい》を示すものだろう。

ただ、そうはいえ、個人の能力本位に人事が動き、階層間移動が自在な時代ではない。幕末佐賀藩で高柳・武藤・坂井の三家で仕組まれた詐称まがいの動向は、現代的には〈不正〉や〈不平等〉な行為が必ずしも特別ではなかった時代状況と、無縁ではなかろう。

「義」より「へつらい」

家計の困窮

江戸時代の家臣たち。直接、領知（知行地《ちぎょうち》）からの年貢を収集する階層は限られ、主君から米や金を支給されるスタイルの者が多くなったのはすでに述べた。〈サラリーマン〉化したとの指摘もある。それでも領主という形式を持ち、またそれを武士本来の姿と考える、江戸時代の武士たちを、現代の賃金労働者と単純に比較するのは慎むべきだろうが、支給額が定まった米・金から役儀に必要な経費を捻出し、家族や家来（武家奉公人《ぶけほうこうにん》）たちの生活も保障しなければならない武士・家臣の家計は、ままならないものがあった。

家臣財政の窮乏などと称される原因は、そもそも領主（大名）財政が幕府からの課役、参勤交代による江戸生活、他の大名・公家などとの親族や文化享受者としての付き合い等のさまざまな背景があって、いわばそのつけが家臣たちに転嫁されたことが、まずは考えられる。上米《あげまい》・借上《かりあげ》・馳走米《ちそうまい》などと称し、家臣の家禄《かろく》・俸禄《ほうろく》の一部が事実上、強制返納される。

盛岡藩では享保二一年（一七三六）、大井川普請手伝《ふしんてつだい》につき、家臣で財政的な困窮者もあるので本意ではないが、「公用大切《（幕府役）》」であり、五〇石以上は当年三分の一「借上」とされた。家臣を救う手段もなく心外だが、銘々倹約に努力して相続を心懸け、勤めの際には、家来を召し連れなくてもよい、とした（『藩法集9　盛岡藩・上』「御家被仰」一三三号）。

久留米藩でも寛延元年（一七四八）頃、「上米」などにより家臣の勝手（家計）が逼迫し、「自分奉公」もままならず、怠惰になり「士風《しふう》衰退」し、かえって「閑居遊逸」を好むとされた。すなわち、士分《しぶん》の本意を忘れ、武備を怠り、勤務を厭《いと》い、「利勘」をもっぱらにして「名分」を失っているという。そして「御奉公」を疎《うと》み、少しの病気を申し立てて引き籠もる者も多くいた（『藩法集10　久留米藩』「御書出之類」一八三八号）。

藩にとっては深刻な社会現象である。

見栄っ張りの武士

ただ、家臣の家計窮乏は、幕府や大名からの経済的要求にのみ原因があるわけではなかった。それは、世間体を気にする付き合いや、自分の上昇志向を背景とする困窮、そのようなものもあった。そのことを、「番衆狂歌」にある歌は教えてくれる。列挙すれば、

世間体六十年来衣食住　奢《おごり》に付て勝手困窮

先規より仕来《しきた》る奢止《おごりやま》ぬ故御宛行《おあてがい》にて足らぬ借金

小給ハ百石《こく》以上百石ハ千石取《せんごくとり》之《の》真似《まね》をしたかる

婚姻や諸事双方の奢《おごり》にて張合《はりあい》と成《なる》世間体也

のごとくである。世間体を気にした衣食住での困窮、贅沢から家禄だけでは返済できない借金、現実より高い生活水準の真似、婚姻などで世間体を気にした張り合い。武士たちはいわば見栄を張り、自ら家計破綻を招く場合もあったようだ。ブランド志向による多重債務、現代でもありそうな話ではある。

そして役儀に就けば、仲間に振る舞うのは半ば慣例化していた。そこには、お付き合いの域を越えた、昇進者への集《たか》りや、逆に妬《ねた》みの回避などがあったかもしれない。しかしそれは、役儀に応えるべき家臣自身の困窮を増加させるためであろうか、禁止される。

小田原藩では、すでに寛文三年（一六六三）に付き合いの振る舞いを禁止し（『神奈川県史　資料篇4』一五七号）、久留米藩も役儀仰付《おおせつけ》（申し渡し）に際する仲間振る舞いの禁止について、時節柄不相応の物いりとして、従前から禁止していたという（安永四年〈一七七五〉、『藩法集10　久留米藩』「御書出之類」一七二九号）。

妬みと非難

江戸時代の人事評価は、客観性がさまざまで、必ずしも明解とはいえないものまで含まれていたのは指摘した。年功（勤務年数）や家格（家筋）、勤功（成果・功績）、そして器量（能力）や適格性（向き不向き）、さらに人柄（心得・人間性）などが考えられる。年功や家格は動かしがたいものだが、成果をあげ能力ある者からみれば、そうではない者が家格や勤務年数で昇進するのは腑に落ちないだろう。かといって、成果や能力、適格性などは客観的なようで、その実、あやふやで評価の観点が違えば、別の査定も生じよう。

もとより高い家格の者からみれば、格下の上司ができかねない能力や成果主義は受け入れがたい。人柄にいたってはまさに不確実の極みであり、仕事に対する心のありよう（やる気・誠実さなど）は、状況・環境によって変化もしよう。したがって、何を基準にしても、昇進・出世の人事には、他人からみれば受け入れられない面もあり、それが許容範囲を越えれば、嫉妬や非難の対象にもなったろう。

大道寺友山は、「役ぬけ」（抜擢人事）は正当な理由がなければ非難される、といい、小身者《しょうしんもの》が組付となって奉公する時、また「役ぬけ」などする侍がいる時、「奉公の勤労」も少なく生まれ付きの家柄や才能があるわけでもない者が、思いのほかに先輩を超えて「役ぬけ」などする時は、番頭《ばんがしら》、組頭《くみがしら》の不吟味か、依怙贔屓《えこひいき》の沙汰と申して、内輪で「そしりつぶやく（誹り）」ような者が出るのはお決まりのことだ（大道寺友山『武道初心集』岩波文庫、一一五～一一六頁）。

と指摘した。したがって、友山は、立身しても小身の頃のことを忘れてはならないという。立身して番頭・支配頭など「重き役職」になれば、組子・組下の心入とは違い、組子をいたわり主君の御用に立つべきなどという、家臣として有るべき心構えを忘れてしまう。たとえ自らの力量・努力を主君や上司から評価されての取立で高い役職に抜擢されたとしても、小身の時の事を忘れず、幸いは得難く失いやすいという慎みの心さえあれば、自ずから失敗はない（同前、一一五頁）。

とした。免れられない妬み・非難のなか、初心忘るべからず、と友山は考えるのだ。

それでは、妬みや非難をかう人事の前提となる人間関係は、どのように作られるのか。

主君との繋がり

「御為《おんため》」の「役儀」を勤めるのが家臣の本務だとすれば、まずは主君とのつながり、いわば寵愛を得ることであろう。衆道《しゅどう》（武士の男色）は主従関係のなかで本来みられたものであり、出世の契機となる場合もあったといわれる（山本博文『男の嫉妬』、氏家幹人『江戸藩邸物語』、同『武士道とエロス』）。のちにみる『葉隠《はがくれ》』には衆道に関する記述が散見され、江戸時代の衆道の主流が、主従関係から同輩関係になっていったのを窺わせるが、「忍恋」をいい、布団を下賜され、主君をひたすら思う口述者・山本常朝《やまもとつねとも》自身は主君・鍋《なべ》島光茂《しまみつしげ》と衆道関係にあったとも考えられる。

同じく性的な事柄だが、女性を通した家臣の出世と思われる記事が、尾張藩中期の家臣で、『塩尻』の作者・天野信景《あまのさだかげ》とも交友関係にあった朝日重章《あさひしげあき》の日記『鸚鵡籠中記《おうむろうちゅうき》』にみられる。重章は信景とは対照的に、身辺雑事から藩主やその一族のゴシップにいたるまで、尾張藩社会の動きを活写する。

そのなかに、奥田主馬なる家臣が三〇〇石に満たない家禄から三〇〇〇石で城代の上席まで昇進したことが記されている。重章は、奥田が藩主・徳川吉通《とくがわよしみち》に斡旋した複数の女性を「御寵愛」する様を記し、昇進の背景をそのことに求める見解もあり、宜《むべ》なるかなである。ただ、奥田の栄進・栄華も、刃傷事件で突然の幕切れとなる（神坂次郎『元禄武士学』二一七〜二一八頁）。

性を通じた主君とのつながり、これは危険だが、出世の実現性も芽生えるのである。

縁故取立

縁故による取立・昇進人事は、家臣相互の妬み・非難の対象となるだろうが、その禁止は藩側の意向でもあった。

米沢藩では、職をめぐり、賄賂とともに縁故が禁止される。江戸中期の規定には、家老・用人《ようにん》始として大小の諸役人その職の次第を違へからす、上たる役より下を掠《かす》めず、下たる役よりはその上役をもっとも重し、各和順して精勤すべし、或いは賄賂におほれ、或いは内縁の頼に随ひ、依怙負偏頗《へんぱ》なく各貞実に相勤むべき事（延享四年〈一七四七〉、「覚」『御代々御式目（二）』米沢市史編集資料一一、「重定公御代式目」）とされた。どのような役職であったも、相互の関係は「和順して精勤」し「貞実に相勤む」もので、金銭授受を契機とした縁故など不正常な関係が、それを阻害すると考えられた。

大道寺友山は、縁故取立を不可とする立場である。

人柄や奉公の勤方がとくに優れてなくても、家老・年寄・出頭人などの親類縁者、またはその様な者への内縁という関係を以て、役人取立の依頼を請けるような、「いやといはれぬ方より内證《ないしょう》たのみ《（頼み）》の様」があった時、主君の御意があれば格別である。しかし「内縁の筋」だけで「組中の吟味」に相当しない者は取り立てない。なぜなら、「依怙贔屓」は「上」から禁止されている。したがって「内縁の筋」の取り立ては、「御大法」に背き、この者一人の存在で組下の侍の心入に背いてしまっては、主君のためにならない。「其人がら」と「御奉公の勤方」の二つが選抜の基準であり、有力者からのどのような縁故取立の話があっても、断るのが、「士大将番頭役を勤る武士の器量」なのである。しかし、「人のいひ次第」に縁故取り立てを行ない、組下の者の信頼を失うのは、「未練の仕合不器量の至り」で、これは「小身」の時の心を忘れ、「立身」するほど、さらによくなってみたいという、「名利の欲心」から起こる「追従軽薄の意地」というほかない。「いやといはれざるごとくの人の指図」に「筋目立たる返答」をして、自分の立場が危うくなっても、例え鼻がまがっても息さへできればよいという分別さえあればよく、縁故取立は論じるにあたらないのである（『武道初心集』岩波文庫、一一六～一一七頁）。

人柄と勤方が人事評価の基本で、有力者からの縁故であっても受け付けないという友山の姿勢は、縁故人事が例外ではなかったのを物語るのであり、そこには金や追従・へつらいなどによる「依怙贔屓」の影も、見え隠れしよう。

へつらいと金

江戸時代の社会文化研究の泰斗・三田村鳶魚《みたむらえんぎょ》は、『教化と江戸文学』という作品のなかで、「当世追従第一」という項を設け、社会的な立身を遂げる上で、追従・へつらいと金が大事だという史料を載せ、コメントを記している。

治世ノ時ハツイシヤウ（追従）ヲ笑フベカラズ、諮《はか》ラハネバ立ガタシ、乱世ノトキハツイシヤウ（追従）ヲ笑フベシ、義ヲ以テ第一トス、若シ治世ニ義ヲモツパラ（専ら）トスルトキハ立身シガタシ。乱世ニハ義ヲ捨テバ、子々孫々マデニ恥ヲアトフナリ、命ヲ軽ジ、義ヲ重ズ、治世ニハ義ヲ軽ジ、金ヲ重ズ（『諸聞集』『三田村鳶魚全集』第二三巻、六五頁）

この史料内容について鳶魚は、「追従は穏やかな世の中の産物だというので、随分醜態を極めたもの」（前掲書）と評している。この史料は、乱世の戦国時代に義を捨てれば子孫にいたるまで恥で、ゆえに命を惜しまず義を重んじよ、と論じており、武士を意識した内容と考えてよいだろうが、治世（平和な世）の江戸時代には追従・へつらい・金が「立身」に欠かせず、義をもっぱらにしたらそれは果たせないという主張は、むしろ興味深い。

商人的感覚の反映とも考えられるが、追従・へつらい・金が義に対し劣るという認識ではなく、笑う対象（斥けられるべきもの）ではないことをいう。

同じく三田村が紹介する寛延四年の落書の「当世今川状」（当時の寺子屋の教科書の「今川状」に模擬して作成）にも、

弓馬合戦の嗜《たしなみ》に及ばず、切者なぶりにて弁舌第一也、先は役替致すべき仁は、金銀のふ《（無く）》しては立身成らざる間、四五両一分の利にて少々ふやさるべき也、少金の内随分慥成輩《たしかなるやから》に預ケ、かりそめにも外の用に遣ふべからずといふ事わけなる哉

とある。弁舌第一に、金銀がなくては「立身」ができないので、まずは利殖を考え、他の用に遣うな、とする。三田村はこれについても、「これを見ても、人心の荒んでいるありさまがわかります」（前掲書六六頁）と悪評した。もちろん現代的にみれば贈収賄に相当し、その資金作りの利ざや稼ぎを推奨するわけで、けして誉められたものではない。

そのような武士への揶揄の眼差しが、これらの史料にあるにしても、江戸時代の武士たちは、追従・へつらいや金と無縁ではいられなかった現実を考慮すべきだろう。とくに格に恵まれない武士・家臣にとり、へつらいや金も器量才覚のうち、という発想があったのではなかろうか。正直者が損をする、その当否の価値観はおくとして、かかる思いを武士

たちが持つにいたったのは直視すべきだろう。清濁あわせ呑む存在なのだ。

ただ、それは結局、自分の家を潰すことになるので、なすべきではないとの考えも、一方ではあった。萜戸善政《のぞきよしまさ》は遺言で、出世を強く願い、へつらいに走る者は、忠ある武士とはいえず、主君から用いられないのであり、結局、「家」が廃れると、子孫に言い含めるのである（安永二年、『萜戸太華翁』一九七〜一九八頁）。

しかし、正反対にみえる二つの立場は、いずれも自分ないしその家を大事にする発想では同じなのである。

経済的な便宜供与

役職に就いた家臣が、経済的な便宜供与を管理対象者から受け、また求めることもあった。いわば役得をめぐるもので、だからこそ、かかる役職就任を願う風潮も生まれる。ある旗本《はたもと》が御賄頭《おまかないがしら》拝命の際の起請文《きしょうもん》に、

旗本川村清兵衛

一、手前之儀は勿論、組之者六尺新組以下迄、御賄方御用達商人方より金銀、米銭、衣類、諸道具、酒肴、菓子、何ニても一切受用仕《つか》まつらず、妻子家来迄、右之趣相守り候様常々申し付くべき事（文化一一年〈一八一四〉、小松重男『旗本の経済学』一九七頁）

とある。役をめぐる金銭・物品供与を受けない趣旨が制約される。役職には、役得・利権が付随するものがあった。逆に、供与要求もあった。

加賀藩の文政六年（一八二三）の法令には次のようにある。

支配業務に関わる人びと（武士役人）の諸願は、民のためと主張され、また上の益を増すといわれたりするが、結局はその支配人は自らの利を考えるだけで、風俗を害してしまう。また御用聞町人どもへ銀子調達を頼み込む者もある。このようなことでは、下々の不正の取り締まりも行き届かなくなる。したがって寛政元年（一七八九）にそのようなことの禁令が出されたが、守られていない（『藩法集4　金沢藩』「典制彙纂」一一三号）。

というのである。

民や上のためではなく、私利を追うのみで、御用町人へ銀子調達（賄賂）を事実上、強要する者もあったといい、かかる風潮の改善は難しかったのがわかる。

奉公の意味変化

以上のような点を踏まえれば、奉公の過程で、へつらいや金銭授受を当然のようになす武士・家臣の奉公、つまり役儀の意味合いが変化して認識され始めているのかもしれない。本来、武士奉公は、召し出され、家臣となって知《ち》行《ぎよう》・俸禄《ほうろく》が与えられる。その俸禄で「役儀」遂行を支弁し、命を差し出す現実もある。もちろん江戸時代はその覚悟に終始するのが一般的だが、主君から手討ちなどを命じられれば、それに随わなければならない。それは、たとえば商人のような労働と報酬という関係とはいいがたい。

近世後半期の経世家《けいせいか》・海保青陵《かいほせいりよう》は、その君臣関係を「市道」（売り買い）と考えた。

主君は、家臣へ知行を与えて働かせ、家臣は労働力を売る。このような売り買いの君臣・奉公関係はよいことだ。しかし、君臣は売り買いではないと考えるので、主君は家臣に知行・米を家禄として余慶に与え財政窮乏し、他方、家臣には家禄相応以上の働きまでさせられる者がいる。いわば労働と報酬のバランスが君臣関係にも求められるべきである（海保青陵『稽古談』巻之一。『日本思想大系四四　本多利明・海保青陵』二二二頁）。

というのである。

もともと私領（領知）支配を「一所懸命」に行なってきた武家領主は、私的価値観も重視していた。それは領知に対する家産観念と裏腹の関係にもあろうが、領知は主従関係のなかで宛行《あてが》われた拝領知《はいりようち》（地）との本質も持つ。ただし、江戸時代の武士は、その領知支配のあり方が変容し、知行地から収納される米（蔵米）を支給されたり（蔵米取《くらまいどり》）、知行地拝領がなく米の支給を受ける階層（切扶取《きりふどり》）が主流となり、知行地支配を行なう階層（地方取《じかたどり》）は少なくなる。

このような状況下、武士・家臣は家計窮乏に見舞われ、そのような立場から、自己の名誉や「家」相続を第一義に考える志向のなか、「私欲」を漸次、あらわにしてきた。いわば私欲・私利の発想が強くなりながら、奉公の意味も、役儀勤めにおいて、家格を超えた役職に就き、役料支給なども一般化し、報酬という性格を帯び始め、役得獲得にも抵抗がなくなってきたのかもしれない。

もはやそれは、「御為」の「役儀」とは異質の次元なのだろうか。

思いを記す家臣たち

武士道書ににじむ思い

武士道とは

江戸時代、平和（静謐《せいひつ》・泰平）な時代が続くなか、武士の性格は、武者から役人という性格を帯びていく。かかる状況下、武者としての性格が失われるのを危惧《きぐ》する立場（代表的なものは山本常朝《やまもとつねとも》の口述『葉隠《はがくれ》』）、また逆に、諸人に教導する「士《し》」・役人の役割を自覚すべきとの立場（代表的なものは山鹿素行《やまがそこう》『山鹿語類《やまがごるい》』）など、武士をめぐる教訓書が多く書かれた。前者を「武士道」、後者を「士道」と捉える考え方もあるが（相良亨『武士の思想』）、「武士道」「武士の道」という言葉は、もっぱら江戸時代に通有するようになった（笠谷和比古『武士道』）。それは、武士の性格変化を背景に、「武士」とは何かが自覚されたことを物語るのかもしれない。

ただ、〈死狂いの美学〉が描かれているとして、三島由紀夫なども愛読したという『葉隠』（三島由紀夫『葉隠入門』）に代表される武士道書は、むしろ、いかに生きるべきかを示した書、という読み直しが必要と感じる（小池喜明『『葉隠』の志』、山本博文『『葉隠』の武士道』、同『武士道の名著』）。その立場で『葉隠』をみた時、口述者・山本常朝の出世に対する葛藤《かっとう》の思いが強く刻印されているのに気づく。

以下、佐賀藩中期の家臣・山本常朝が出家後、隠棲《いんせい》した彼のもとにきた佐賀藩家臣・田《た》代陣基《しろつらもと》を相手に、七年間（一七一〇～一六年）にわたり語ったものを、陣基が筆録したとされる『葉隠』を通じ、奉公人（家臣）として大名に仕えた常朝の出世への思いを追ってみよう。

競争する気持ち

奉公人が最善の奉公をするためには出頭人・家老などに就く、このように考える小身《しょうしん》・小禄の山本常朝にとり、立身・出世は彼の人生では小さくない問題であった。そのなかで、立身を志す、人との激しい競争心が意識される。人に頭を踏まれ一生を終える口惜しさ、家老・年寄役や一派を率いる僧侶さえも、けして鬼神ではなく人であり、同じ人であるからには自分が劣る所以《ゆえん》はなく、彼らを乗り越えられなければ腹を掻き切って死ぬ、というような覚悟を以て思い立てば、即座

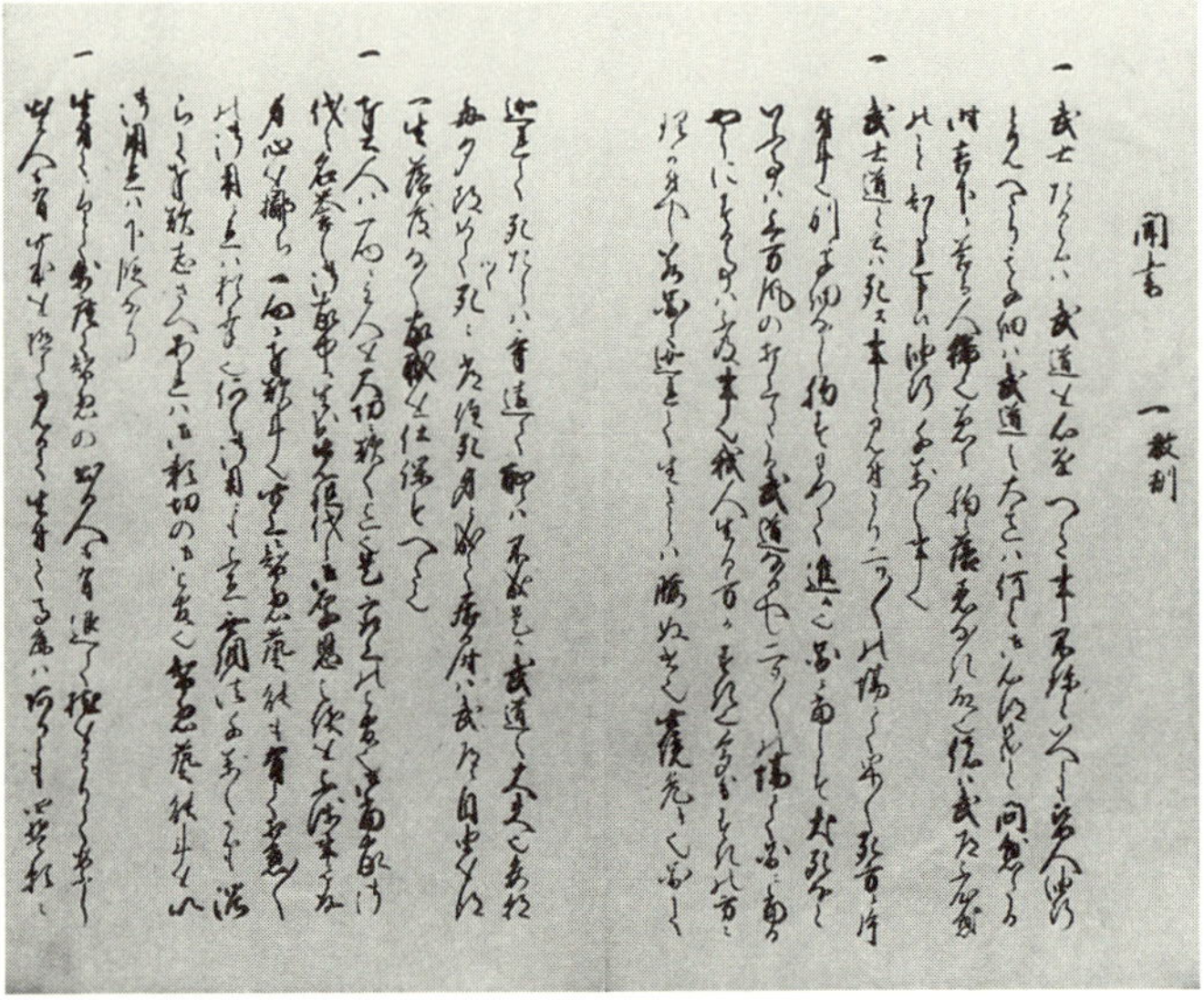

図9　山本常朝・田代陣基『葉隠』(鍋島家旧蔵本)

に立身にいたる。功績を積んでからというのでは、まどろかしいのであり、一念発起すれば即座に行動すべきである（『日本思想大系二六　三河物語・葉隠』所収『葉隠』聞書一一の一四二）。

との主張である。しかし、常朝には、「人」との競争心は、同じ立場ゆえに負けないという見方とともに、武勇・武篇という武士・戦闘者独特の心性とも無縁ではない。その武士としての個性は、戦場でこそ顕著に現れる。ただそれは、敵とともに、味方そして自分に勝つことに力点が置かれた。強い気心が必要と考えると同時に、一方では自分の心を知られないために、弱みを他人に悟られてはならないが、その弱みを自覚するのが自分を完成させる上で重要とも考えていたのだ。自分に勝つことと自分の弱みを知ることは、必ずしも矛盾しない。しかもそれは閉塞的、孤立的な心意ではなく、「人」（他人。敵・味方）が意識されているのである（前掲史料、序文、聞書一の一六二）。

「武篇」「高慢」で「吾は日本無双の勇士」という自覚と「念々に非を知て、一生打ち置かず」「吾道を成就」という志（前掲史料聞書一の四七）は、「人」との関係での両立が求められていたといえよう。他を打ち負かすだけの競争での立身、これは十全ではない。

引き立てられての立身

奉公の最高のあり方は家老への立身であり、思い立った即座の奉公を『葉隠』は主張しており、競争的意識も内在した。しかし一方で、奉公人として勤めるには自分の欠点を自覚した上での人（「御家」に属する「味方」）の支持・信頼が必要であり、それは立身にも必要であるが、主君の身贔屓は人の信頼を失うので戒められている。人から受け容れられるためには時間もかかり、早い立身・出世は人の妬みもかおう。山本常朝自身が、主君の歓心を得て早い出世を遂げる者に対し、邪智を働かせた自身の立身しか考えない新参・成上り者、というイメージを持った。

常朝は、早急な立身には慎重であったようだ。それは養子の吉三郎を諭した際、常朝が影響を受けた石田一鼎《いしだいってい》（佐賀藩士、藩主鍋島勝茂《なべしまかつしげ》・光茂《みつしげ》に近侍した）の言を引用している内容からも理解できよう（「愚見集」『佐賀県近世資料』第八編第一巻、八五五〜八五六頁）。石田一鼎は、芝居見物を引き合いに「奉公人ノ立身ノ仕様」を次のように説く。

大勢の観客がいるなかで、無理に前に行こうとすれば、他の観客と摩擦を起こしてしまう。上手な見物人は無理せずできること（小用を控えるため湯水を飲まないことなど）をやって機会を待つ。奉公人も同じで「無功者」は焦って仕損じるが、「功者」は急がず心気強く時期を待ち、周囲の状況の変化（他人の病気・牢人など）で少しづつ立身し、最後には「奉公ノ本意を遂る」。

この石田一鼎の見方に、山本常朝は「尤も成り」と賛意を表している。ここには焦った立身への自制がいわれる。早い立身・加増は諸人の反発をかうが、遅いそれは諸人が賛同するといい（『日本思想大系二六　三河物語・葉隠』所収『葉隠』聞書一一の一四〇）、いずれにしても「立身する事は人より引立らるゝ者ならでは用に不立也」（前掲史料聞書一の一五五）と、立身は人の支持を得て引き立てられないと叶わないのである。

家老批判　近世の武士は、死に狂う思いで忠を尽くさねばならないという戦士の側面と同時に、さまざまな行政に携わる役人の側面を持つ存在として、山本常朝は「奉公人」を概念化した。

「鑓《やり》を突事《つくこと》」（戦時の戦士）と「公儀を勤る事」（平時の役人）の二つは、「同前」で別物ではなく、平時の役人としても戦時の戦士の心組みは必要である（『日本思想大系二六　三河物語・葉隠』所収『葉隠』聞書二の四八）。平時の奉公（畳の上の奉公）でも「武勇」が顕れるものでなければ、いざという合戦に際しても期待される戦士として選び出されはしないのである（前掲史料聞書二の七五）。それは、自分の「非」を知りつつ「高慢」でなければならない、ということにもつながろう。

しかし、現実社会には、自らの「非」を知りつつ勤めに「高慢」な自負・責任感を持つ「奉公人」、それも常朝が奉公の至極と考える家老・年寄などの上層家臣に、かかる自覚を持ち、言動を実践する者はいないという実感、いわば現実に対する批判・失望があったからこそ、『葉隠』の主題の一つは、常朝が奉公の至極とする老中・家老をめぐるものだった。小身者の常朝にとり、立身はその道程にある。

ただそれは、他者を打ち負かす独善的な立身ではなく、自分の「非」を知りつつ、死に狂うような自負心（高慢）を持つ「奉公人」として現在を大事にする、そのようなものであった。しかし、家老層（「あの衆」）は、組織・藩の歴史（「国学」）を知らず、ただ自身の智恵（「理発」）のみで判断し、主君に対しては高慢な自負心を持つこともなく、ひたすら「御尤《ごもっとも》」と順服するだけで、自己への陶酔《とうすい》と利益（「自慢・私欲」）のみを考える、それだけの存在になっていると、痛烈に批判し失望していた。

養子・吉三郎に対しても、「主君」（藩主）の「悪事」は家老・年寄が諫言《かんげん》しないからと断じ（「愚見集」『佐賀県近世資料』第八編第一巻、八五七頁）、そのような「人」がいない、つまりは今までみてきたような自覚と資質を備えた「奉公人」の不在をいうのである。

二つの名利

山本常朝は、家老職に就いて諫言することを奉公の至極とし、家老への立身を思う。しかし、それは地位が高いからではない。むしろ、一番乗などで命を捨てるのよりも、主君の心入れを直し「御国家」を固めるのが難しい奉公であり、諸人の支持や主君に受け入れられ、年寄・家老にならなければ諫《いさ》められないのだ。これは「私欲」の奉公と違う。そうでなければ忠臣とはいえないという考えがあったのだ（『日本思想大系二六　三河物語・葉隠』所収『葉隠』聞書一一の二八）。

泰平な時代、合戦で命を落とすという恐れはなくなっており、主君を諫め国家（藩政）を安定させるのが奉公であり、それはけして「私欲」からではない。しかし、小身者が家老へ立身し奉公すると志すには、相応の心的なエネルギーがなければならない。自らを「日本無双」とする「高慢」・自負心も、そのような心的エネルギーの要素であろう。常朝はその意味で欲心それ自体を否定しない。大役に就く望み・欲がないのは、失敗を恐れる臆病者であり、受け容れられない、という（「愚見集」『佐賀県近世資料』第八編第一巻、八五七頁）。

それでは、かかる欲心、心的エネルギーをどのように考えているのであろうか。常朝はいう。

そもそも「名利」を思わない「奉公人」（家臣）はいない。ただ、「私欲ノ商奉公」での自分の「名利」とともに、今一つの名利がある。「忠節」の肝要は主君への諫言であり、それが可能な地位が家老であるため、「小身より家老職ニ成」るという「意地」で実現する「名利」で、これは高知行の拝領を伴うので「私欲」のようにみえるがそうではなく、主君のための「名」と「利」を目指す「名利」である。かかる「意地」を持たねば、本当に主君の「御用」に立つことはできないのであり、だからこそ「奉公人」であれば「名利」を思わないといけないのである（前掲史料八五四～八五五頁）。

このように、いわば〈私の名利〉と〈奉公名利〉という二つの名利を想定し、後者を近世武士・「奉公人」の「立身」のための心的エネルギーの根源と考えた。それは、欲心・私心の合理化でもあろう。『葉隠』の主要なテーマが奉公人の心組みだとすれば、その至極としての家老への立身の心的エネルギー、動機づけとしての〈奉公名利〉は、いわば、私欲に基づく〈私の名利〉とは別の、もう一つの「名利」なのである（高野信治「もう一つの名利」）。

私心の合理化

私心からの出世・昇進は、不道徳なものとして誡《いまし》められていた。そこで、他に抜きん出て昇進したいという思いを、どのように合理化するのか。鍋島佐賀藩の下層家臣であった山本常朝は、「武士道と云は、死ぬ事と見付けたり」と言い放ち、「常住死身」と常に死を思い描いて生きることを『葉隠』のなかで説く。そのような彼の人生の目的は、死に急ぐことではもちろんなく、「下の方にくどつきまはりては益に立たず、然《しか》ば家老に成るが奉公の至極」、つまり下層家臣のままでは主君の役には立たない、家老になるのが最高の奉公、というものであった。家老への昇進が主君への最高の奉公であり、それが至高の武士道徳と、常朝は考えたのである。

しかし、血が混じるような「紅い涙」は出ないまでも、主君を「歎く」ほどの強い思いを抱き「黄色い涙」を流しながら資質の発揮に勤めたにもかかわらず、常朝はついに家老になることはできなかった（高野信治『近世大名家臣団と領主制』）。

記される奉公書

家臣の奉公書

大名家によっては、家臣の奉公書・勤務録の類（仙台伊達家『伊達世臣《だてせしん》家譜《かふ》』、尾張徳川家『士林泝洄《しりんそかい》』、新発田《しばた》藩溝口家『世臣譜《せいしんふ》』『続世臣譜』など）が伝来している場合がある。藩などの指示により作成されたものが中心で、統計化などの情報処理により多くの知見が得られようが、叙述はかなり形式化している。また、かかる勤務録類が継起的に残されていなければ、特定時代の傾向を得るにとどまろう。

ここでは藩が作成する奉公書類ではなく、家臣の家で編まれた、福岡藩の家臣・山路家の記録をみよう。数代にわたり変化がなかった家禄《かろく》を増やし、政治行政に重要な役割を果たした者（山路重寛）の記録から、その上昇志向、他家より抜きんでたいという、武士・

家臣の心性を垣間見たい。

新参者の系譜

山路氏は本姓鈴木だが、近江国《おうみのくに》鱸《すずき》に居住したので鱸に改名したという。

山路加左衛門重勝は慶長《けいちょう》一九年（一六一四）、奥州会津に丹羽《にわ》氏家臣勘兵衛重春の二男として生まれ、鱸次郎九郎と名乗った。長兄治左衛門は男子なく遺跡は断絶したが、次郎九郎が肥前唐津《ひぜんからつ》城主寺沢広高《てらざわひろたか》の家臣山路弥右衛門に縁あり、九歳の時に唐津へ移り山路と改名、弥右衛門が三〇〇石を継ぎ、寺沢氏に仕えた。寺沢家臣として島原《しまばら》の乱にも出陣した。慶安《けいあん》二年（一六四九）の寺沢氏改易《かいえき》後、島原の乱での働きにより、福岡藩主・黒田忠之《くろだただゆき》が翌慶安三年に先知三〇〇石で召し抱えたという。山路氏は黒田家にとり、文字どおりの新参である。

重勝の嫡男・甚太夫重元は、寺沢氏家中《かちゅう》の熊沢五右衛門の娘を母として唐津で生まれた。熊沢家は先祖より医書やその抜書類を多く収集し、五右衛門は寺沢氏改易後に五島《ごとう》宇《う》久《く》へ移り水野と改姓、医術を渡世《とせい》としたという。その後室の妙香は、のちに重勝を頼り福岡に来た際、それら書籍を持参し、重元に譲った。また、黒田綱之《つなゆき》より『古今集《こきんしゅう》』写本を拝領、重元が京都御蔵奉行を勤めた際には、「百番立ノ碁経《ごきょう》」写本も碁の大家より授かった。連歌も能くし歌書を好んだという。このような履歴からみれば、重元は財務にすぐれ、文化的素養があったようだ。

重元嫡男の弥右衛門重遠も、重勝・重元と同じく知行三〇〇石だったが、やはり和歌を好み、福岡城下西の早良《さわら》郡藤崎に庵（梅芳庵）を結んだ。その腹違いの弟・幾太夫重泰は本姓鱸を名乗ったが、母は三輪源右衛門の嫡子市右衛門の娘である。三輪源右衛門は歌道伝授の家、長岡（細川）藤孝《ふじたか》の子忠興《ただおき》の家臣であったが、故あって福岡金龍寺《きんりゅうじ》和尚を頼り、細川氏城下・小倉《こくら》より市右衛門を連れ、出奔したという（「先祖覚書　一」、福岡市立総合図書館蔵「山路文書」）。かかる細川氏との縁は、山路重元や重遠の文化的素養とも関係しよう。

重遠の嫡男が、加左衛門重寛（のち義寛と改名）である。宝永《ほうえい》二年（一七〇五）九月生まれで、享保《きょうほう》七年（一七二二）一八歳で家督相続した。黒田家に重勝が仕官した際に拝領し、その後三代にわたり相続された家禄高三〇〇石は、重寛一代で八〇〇石に加増した。それは、彼の才能と、それが活かされる時代状況があったと思われる。

財務方の役職

重寛の勤務経歴の大きな特徴は、財務方の役職・要職に長きにわたって就いたことである。三〇〇石で家督相続した当初は、馬廻組《うままわりぐみ》に属し、御小姓《おこしょう》・御足軽頭《おあしがるかしら》・御側筒頭《おそばつつがしら》・惣詰御番目代《そうづめごばんもくだい》などの立場で、御門櫓番《ごもんやぐらばん》や両市中夜廻《しちゅうよまわり》

（福岡と博多）、式台御番御供役《しきだいごばんおともやく》、さらに長崎番所御見廻《ながさきばんしょおみまわり》御使者、江戸御供など、番方《ばんかた》の役を中心にこなしていた。そのようななか、長崎御供を命じられた際に、金銀受払加役《かやく》とされた。重寛にとり財務関係の仕事の最初で、享保一九年七月、三〇歳の時であった。

その三年後、元文三年（一七三八）六月に大坂蔵本《おおさかくらもと》奉行、寛保《かんぽう》元年（一七四一）二月には勘定奉行《かんじょうぶぎょう》として大坂御用引切《ひききり》、大坂詰を命じられた。大坂蔵本奉行はいわば蔵屋敷留《る》守居役《すいやく》で、国元や江戸との飛脚《ひきゃく》管理、登《のぼ》せ米《まい》（売却などのための国元からの搬送米）・大豆の検分・検量、借銀など、勘定奉行との共同認可などの業務にあたる。勘定奉行の一人は交代で大坂蔵屋敷詰とされたが、大坂常駐の勘定奉行は福岡藩以外、知られていない。大坂を重視した福岡藩黒田家の、大坂での財政責任者である。大坂から戻った後も、重寛は御用聞《ごようきき》として、江戸・長崎の旅役が免除（御免）され、上方表御用向一切引切《かみがたおもてごようむきいっさいひききり》とされる。

近世中期、享保一七年の享保飢饉《きょうほうききん》は、西日本地域に甚大な被害を及ぼし、福岡藩もその例外ではなく、これ以降はとくに、上方を中心とする多額の借銀を前提とした深刻な財政状況となっていく。

重寛はこのような時期に、財務方に関係し始めるのである。勘定奉行・御用聞に就いた二年後の寛保三年、重寛は一〇〇石加増され、家禄四〇〇石となった。山路家の家禄加増は黒田家に仕えて以来、はじめてであった。

延享二年（一七四五）、重寛は裏判役に就いた。この役は正徳期に設けられた藩財政を統括する役で、家老・御用勤・御納戸頭《おなんどがしら》・城代頭《じょうだいがしら》とともに五役として藩政中期の要職である。家格も、用人《ようにん》・納戸頭・中老《ちゅうろう》・城代頭とともに家老につぐものであった。この時、小身のため、年々二〇〇俵の役料米が在勤中に支給となった。

江戸時代、役職は家格相応者の就任が原則であった。しかし、財政窮乏などさまざまな問題が複合的に生起する中期以降には、幕府の足高《たしだか》の制《せい》にみられるように、低い家格の者でも役職に就いている期間は、相応の禄が与えられる仕組みが作られるようになった。重寛の役料米はこれに相当する。福岡藩では寛延三年（一七五〇）に「当《あたり》」制により本格的に人材登用の道が図られた（柴多一雄「福岡藩の家臣団」）。

素養と資質

裏判役《うらばんやく》就任の翌延享三年、重寛は二〇〇石加増され家禄六〇〇石、さらに寛延二年に合力米《ごうりょくまい》二〇〇俵が小身につき毎年とされた。重寛は宝暦三年（一七五三）に郡方本〆《こおりかたもとじめ》役という藩領内の行政役を拝命したが、「巧者《こうしゃ》」不在として裏判役も「加役」とされた。結局、兼職では支障が出るとして裏判役を免じられたのは翌宝暦四年である。その際、これまでの精勤に対し、さらに二〇〇石加増され、家禄八〇〇石となったのである。ただし、大坂借銀関係については「巧者」ゆえ、「裏判役申談」として依然とその役にも関わる。

藩首脳部がいかに重寛の財務能力と上方における借銀をめぐる人脈・交渉能力に期待していたかが窺えるが、それは、彼の父祖やその縁者を通じて培われた文化的素養が役だっていたのかもしれない。また、勘定奉行・裏判役など財務関係役方を主軸に役が重なり、加役とされたことも、重寛の資質の高さを示すものであろう。

重寛は宝暦九年、隠居願が認められ、家禄八〇〇石が嫡子・遠貞に相続された。遠貞は天明元年（一七八一）に一〇〇石加増され、山路家は家禄九〇〇石で幕末に至る。

賄賂・音物

寛延元年一二月朔日に、裏判役・御用聞・勘定奉行へ、年番家老・立花勘左衛門増直より内々に次のように申し渡された。

近年、賄賂・音物《いんもつ》（贈り物）を請け、遊興に使っている者がいると御目付方《おめつけかた》から言上がある。殿様（六代藩主・黒田継高《くろだつぐたか》）はあってはならないことと、今日思し召しの言葉があったが、慎《つつし》みのために惣中申し聞かすようにとの御意である。

そして同月一五日には、山路重寛は一人、年番家老勘左衛門から呼び出された。そしてこのように申し渡された。

その方は常々、賄賂・音物は受容してはならないが、もし拠《よ》ん所《どころ》ない事情で受容したとしても、即刻に返礼に及ぶべきである。平日、手堅く謹んでいると殿様に言上すべきである。殿様からは御目付方からの言上書も私（勘左衛門）にお見せになり、今回は何らかの「御沙汰」（処罰）を講じなければならないと思し召しになったが、そのような措置をとれば、「勤方《つとめかた》申談等ニもめいわく（迷惑）ニ仕《つか》まつり候」と殿様はお考えになられたので、内々にご自分の、以上のような意向（賄賂受容を謹むこと）を伝えるようにとの御意である。

重寛は堪左衛門から、このようにいわれたのである。おそらく目付の言上書には、賄賂を受けた者として、重寛の名前も上がっていたのではなかろうか。重寛のように「小身」の家臣の場合には、役勤のために、在勤中に合力米などの支給があったとしても、それでは不足してしまうので賄賂・音物の受領も想定できる。それはもちろん請託《せいたく》にもつながろう。

ここでは、藩主や家老たちの認識は、賄賂・音物の授受が客観的には不正とみなしてもそれをあまりに厳密にやると、むしろ「勤方申談ニもめいわく（迷惑）」と、能力ある小身の家臣たちが、在勤中に手当を受けながら事実上担っている行政実務に支障をきたす、との判断が想定できることに留意したい。

賄賂・音物の盛行は褒められはしないだろうが、家格制が厳密ななか、能力・意欲ある中下層の家臣登用人事には必要悪との状況もあったろう。このように考えれば、賄賂・音物は人事の活性化、行政実務の向上と裏腹の関係ともいえようか。

もっとも重寛は、嫡子遠貞に相続が認められた宝暦九年四月、藩へ御礼の趣旨の文書を提出した際、その最後に、このように述べている。

> 十八歳より相勤め、当年まで三十八年之間、少し之間も不首尾御座無く、尤も一度も言上等ニ合い申さず、曾而《かつて》勤筋御断りヶ間敷き儀、御願ヶ間敷き儀申し上げず候事、右年数之間片時も延慮（遠慮）等仕まつり候儀、身分之事ニハ申に及ばざるニ、一家朋友家来等之儀ニ付候而も、自分より差□等之儀申し出候儀御座無く、此段ハ誠ニ身分之幸ニ候事、御役相勤め候間、賄賂音物等ヲ請けず、振舞等ニ罷り越さず、少之私用も役人中ニ頼む事等ヲ仕まつらず候事

一八歳からこれまで三八年間、勤務役職について少しも不首尾（失敗）はなく、自分に関わる人事につき、個人的に断ったり、また願い上げしたこともない。この間、十分に遠慮し慎んだ言動を取り、自身はいうまでもなく親族・友人や召し抱える家来などについて

も、当方より差し出がましいことを申し上げなかったのは幸いである。自身は役勤めの間、賄賂・音物を受領したり、接待に出たこともなく、役人中への私用依頼もしていない。このように主張する。

ここに、重寛の賄賂・音物・接待などと無縁の実直な御役勤務の自負を読み取るのか、やはり彼をめぐる賄賂などの授受を読み込むか。そのあたりの事情については、にわかに判断しがたいが、これまでの本書での検証をなぞる限りでは、まったく無縁という主張には不自然さを感じなくもない。（以上、「勤功書」など山路家奉公書類。福岡市総合図書館蔵）。だとしても、もちろん本書はそれを糾弾する立場ではなく、近世という時代のなか、人間性が社会の有り様と絡みながらかかる慣行が必然化するメカニズムの解明こそ大事な問題、このような捉え方もあってよいと思う。

役人として文人として

福岡藩の家臣・山路家のなかに、文化的な素養を身につけた人がおり、それが職務担当で役立つ可能性を指摘したが、かかる文人的側面が、江戸時代の武士・家臣にとり、どのような意味を持っていたのか。

古典の註釈

加賀藩士・浅香《あさか》久敬《ひさたか》の場合をみておこう（以下、川平敏文「浅香久敬」に拠る）。

浅香久敬は明暦三年（一六五七）、加賀藩馬廻組《うままわりぐみ》の子として生まれた。浅香家は戦国時代には織田信雄《おだのぶかつ》・蒲生氏郷《がもううじさと》・前田利家《まえだとしいえ》などに仕え、久敬の曾祖父にあたる左馬助三郷に興るといい、前田家からは三七五〇石拝領した。その後、三家に分かれ、久敬の祖父作左衛門の代には二〇〇〇石、さらに作左衛門の跡目は、久敬の叔父が一五〇〇石で継ぎ、久敬の父・左平太の代には五〇〇石で一〇〇石を新たに加増され、都合家禄六〇〇石で、浅香九之丞家として明治まで続いた。いわば減禄の過程で成立した家に、久敬は生まれた。ただ、久敬に特筆されるのは、文人的な素養で、それは山路家の人びとのそれとは違った意味を持っていたといえる。

彼の文業の第一は、貞享五年（一六八八）刊『徒然草諸抄大成《つれづれぐさしょしょうたいせい》』の編述である。『徒然草』の先注一二書を抄出して一覧にし、久敬自身の論も加え刊行したものだ。久敬は『徒然草』を教誡《きょうかい》の書と考える。それは、第三段註釈の、

それ書を読むことは慰《なぐさめ》ばかりの為ならず。道を心得て日用《ひよう》の便りにせんとの為なり。しかる則《とき》は此所もいましめを書しと見るべし

という、久敬の根底にあった思想に表現され、朱子学《しゅしがく》を信奉した加賀藩主・前田綱紀《まえだつなのり》の影響が考えられる。したがって、学問のなかに儒教的な色合いがみえるのはある意味当然で、これは綱紀の目を意識する気持ちも含まれていた可能性があろう。いわば、藩主の目を引くための編述書、そのような性格も想定される。

「忠臣」の行き場

浅香久敬は、『徒然草』の作者・吉田兼好《よしだけんこう》の生きた南北朝期を、君臣の道が極度に落ちた時代とみる。そのような歴史観から、『徒然草』

のなかに、世を「憤る」兼好の姿を強く読み取ろうとする。たとえば『徒然草』第九七段で兼好は、ある物についてそれを損なうものとして、身に虱、家に鼠、国に賊、小人に財などを挙げて、「君子に仁義」ありとした。君子が備えるべきものとされる徳の仁義が、なぜ君子を蝕むのか。

久敬は、兼好の時代は楠木正成など「仁義の忠臣」が世に用いられず、かえって身を損なってしまうため、兼好はそれを憤って、仁義は君子を蝕むといった。

また久敬は『和論語』所載の伝『徒然草』詞章にも註釈し、そのなかで「武士《もののふ》の家は常に志を守れる故に、あへてみだりがはしき事はいはぬなり」という本文での註釈にこのように記す。

　当時太平記《たいへいき》の乱（南北朝内乱）の比《ころ》なれば、志を守る人もすくなく、恒《つね》の心ある士《もののふ》もまれなり。只、明暮《あけくれ》畜生残害の志のみ内にあつて、外をば飾りて、巧言令色《こうげんれいしょく》を専《もつぱら》とする佞奸《ねいかん》の者ども多き時世なり。兼好今こゝにかくいへるは、士の常の道を論ずといへども、世を憤る意、言外にしれたり。如何《いかん》となれば、武士として志を守る世なれば、此の如き乱は自《おのずから》これなきなり、志を守る者がなき故に、自、世も乱るゝなり。それを悲で、士たる者は此の如きなるべきことなりと、世人をいましめ《（誡め）》ていへるなり、此

徒然草の全篇も、皆時世を憤《いきどお》りて書るなり

江戸時代の武士たちの追従・へつらいを彷彿《ほうふつ》とさせるものを、浅香久敬は兼好の『徒然草』に読み込んでいたのかもしれない。「士の常の道」「武士としての志」を守らないから、自ずと乱が起こるというのである。いわば、敗者の楠木正成《くすのきまさしげ》の忠義を賞賛する歴史感情は、『太平記』に内在するもので、これを忠孝・忠臣の義理という儒教的思想を持って仕立てたのが、室町後期から江戸初期にかけて行なわれたという『太平記』講釈で、そのテキスト『太平記評判理尽抄《たいへいきひょうばんりじんしょう》』や他の『太平記』注釈書群が多く伝来し、一種の政治社会思想化したともみられる。

そして、岡山藩の池田光政《いけだみつまさ》などとならんで、加賀藩の前田利常《まえだとしつね》もこれに強い関心を示し、関係者の招聘《しょうへい》などもされた。浅香久敬の徒然草註釈には、そのような加賀藩の学問風土が影響を与えていたとも考えられる。

主君の批評

しかし、彼の唯一の刊本を、藩主・綱紀は、兼好の学問は儒学や仏教の「一班」を着飾ったものでしかなく、また徒然草の編者も兼好に加え、今《いま》川了俊《がわりょうしゅん》も加わっているとし、聖典研究に尽力せず、恣《ほしいまま》に出版したのは惜しかったと語ったという。

前田綱紀・浅香久敬の時代から約一〇〇年後の編纂である『燕台風雅《えんだいふうが》』という書物に載るこの逸話が事実か否かわからない。久敬は『徒然草諸抄大成』のなかで、『徒然草』に老仏思想（老子と釈迦、道教と仏教）のことが入り込んでいることを批判する林羅山など朱子学者たちに、儒教・仏教・老荘思想の三教一致的立場（「一道に偏ならざる志」）から反対する点などを考慮すれば、実際に久敬の編著書をみた前田綱紀による久敬批判は、史実の可能性もあろう。

だとすれば、久敬にとっては、まだ家督相続前で正式に出仕していない段階で、学問のあり方と奉公人・家臣役人としての立場について、悩ましい感情を抱いたかもしれない。

隠者への憧れ

浅香久敬は元禄七年（一六九四）、父の病死を受け、跡目六〇〇石を相続、馬廻組に配属された。その翌年、藩命を受けて能登に滞在、任務は能登半島東岸の港町牛出津《うしづ》を拠点に港町に出入りする上方船《かみがたぶね》の検分だった。その折の紀行が『三日月の日記』で、

もとよりの愚さなれば、身肖《あやから》ざるもしるけど、君命いなみ《（否み）》がたくて、能登の海の奥ふかき浦々になんまかりぬ

と記している。あるいは、

我すむ《（住む）》方をはなれ《（離れ）》、駅路の馬の足いたげ《（痛げ）》なるに乗りて、供人四たり五ツたり、いづれとなくはるけき道にをもむきぬ《（趣ぬ）》

とも記し、能登への出役に、君命ゆえに遙かに来たとの、いささかの戸惑いが感じられなくもない。

その後、元禄一〇〜一一年と同一五年の二度、京都へ派遣され、その折りの紀行を『都の手振り』にまとめた（実際には複数の紀行文から構成）。

このうち宇治を巡ったことについては、「宇治の道ぶり」と題される。お茶など物産納品をめぐる「公役《こうやく》」であった。この時は深草《ふかくさ》の瑞光寺《ずいこうじ》、元政上人《げんせいしょうにん》の旧宅を訪れた。元政上人は、彦根の井伊直孝に仕えたのちに出家し、仏典の校訂や著作が多い日蓮宗の僧侶である。久敬は上人のもとに私淑したことがあるらしい。久敬は元政上人について、

深草の霞谷の草庵に世を避け身を隠し住んでいたものの、その名は有名で隠れなかった高僧・元政が開基された瑞光寺に参詣した。いわば隠者《いんじゃ》の元政は、高い「道徳」（人として備えるべき徳）を持たれているのはいうに及ばず、「孝心」（親を大切にする気持ち）が深いことを誰もが感じた。仏門に入っても、その世界が最高だとはお考えにはならず、また儒教を離れても（道徳・孝心が深いのに示されるように）これを誹《そし》る

こともなく、仏教者であるが儒教とも適度な関係を保たれる。「唐詩」「和歌」の作品はともに「金玉」のような響きを持ち、上人の作品は、今（元禄期）でも人びとが口ずさんでいる。だが、その廟所は方六尺に砂を敷き、なかに小竹三本を植えるだけで、その質素なさまに、生きておられる時の志しもさぞかしや、と思われる。という。浅香久敬は、三道を調和させる吉田兼好と同じように、儒仏（学問）や和漢（詩歌）いずれにも傾かない、包容力がある元政上人のような人物にも惹かれるのであろう。そして、彼らはともに隠者であった。

役人と文人の狭間

宝永六年（一七〇九）、浅香久敬は三ヵ月間、能登に滞在した。今回も上方船検分だが、西岸の輪島《わじま》を拠点としたもので、この時は『能登浦伝《のとうらでん》』を執筆した。次はその一節である。

夕炊過《すぎ》てかれこれ伴ひて、鹿磯浦《かいそうら》へゆきて猟船の交加を見物し、其いとまなき営みを憐《あわれ》み、又なじみ（馴染み）も有べき生涯なりと、少しは羨《うらやま》しきかたもあり。されば軒車の吏は慕《した》はずして清貧《せいひん》、直に自由なる心にまかせて万事を理《おさ》めず。酔てはまた醒《さめ》、さめ（醒）ては復酔《またよい》

吉田兼好・元政上人のような隠棲生活への憧憬《しょうけい》が垣間見られる。農民や漁民をみて、

「軒車の吏」（軒車は屋根のある乗り物で高い身分の人の車）は「清貧」で、直に「自由」の心にまかせ「万事理めず」という。役人顔して理詰めで処置しないというが、文人と家臣の狭間で、いささか能登の民を「少しはうらやましい」とも思い、隠者への憧れを持ちつつも、必ずしもそれに徹しきれない思いが浮かぶ。隠者の立場になるのは「家」相続者としては許されないが、とはいえ、加賀藩では万石以上の大身《たいしん》八家があるなか、けっして高い家禄ともいえない。また、屈原《くつげん》（中国戦国時代の政治家で詩人）のように、自分を清なる存在として、濁に混じること潔しとしない心情にはなりえず、酒に真に酔えない屈原と違い、酒にも酔ってしまう自分である、という。

ともかく、役人と文人の間で心が漂う印象を受ける。そして浅香久敬は、この旅の二年後の正徳元年（一七一一）八月、馬廻組から近習番《きんじゅばん》となり、毎年銀二〇枚を役料として拝領する。「愚老は仕に役せられて、一身をたてんとするに猶わづらはし」（『能登浦伝』）と立身の希望もある。先述のように、浅香家は久敬の祖父の代には三〇〇〇石を越す拝領を前田家より受けたが、その後、三家に分かれ、久敬の九之丞家は小石高（六〇〇石）に甘んじていた。

同年の一二月、浅香久敬は『金沢より江戸道中記』を書いた。武蔵ケ辻《むさしがつじ》（石川県金沢市）から中仙道《なかせんどう》を経て江戸日本橋へいたる道中記・実用的な旅程記で、文芸的な紀行ではない。前田綱紀は同年九月に帰国し、翌年七月に江戸へ発っているので、近習番としての参勤随行の予習とみられる。とすれば、勤務に関する記録で、

右道中記数本をあつめ、切磋琢磨してこれを記すといへども、真偽の未決なる事おほく、且遠近《おちこち》の差異左右の錯乱、名所の重複すくなからず。自今往来之節《じこんおうらいのせつ》、より〳〵これをあらたむべきもの也

と、本書の性格を位置づける。役人の立場で記されたのは明らかである。

さらに五年後の享保元年（一七一六）七月二日、組外番頭（六〇歳）の時期、『四不語録《しふごろく》』という怪談説話集をものにする。「怪を見てあやしまざるもの」のためにこれらを述べて、世の中にかかる怪異のあることを知らしめるのだという。天狗、疱瘡《ほうそう》、幽霊、鬼火、変身、妖怪などをテーマに、自ら加越能地方《かえつのう》（加賀国・越中国・能登国、現石川県・富山県）で見聞した奇談を中心に、『古今著聞集《ここんちょもんじゅう》』『大和怪異記《やまとかいいき》』『因果物語』などからも類話を求める。収録話は延宝から元禄のものが多く、百物語モノ、諸国奇談モノが流行した背景が、このような書物を書かせた動機という。『徒然草諸抄大成』にもみせる文事をめぐる学者肌の顔が窺える。家督相続前と、そろそろ勤方にもゆと

りができる時期の学問（古典と怪異）、浅香久敬は文事・文芸にさまざまな思い持ちながら、学問研究に最も惹かれていたのかもしれない。

このように、役人と文人の狭間を行き来きする作品を残しながら、享保一二年、彼は世を去った（七一歳）。

「富貴」と「清楽」

加賀藩家臣の浅香久敬は、さまざまな価値観や現実社会を離れ、学問や文芸に身をおき、民の生きざまに共感を覚えるような隠者の存在に憧れを持った。しかし、それに徹することは、大名家に奉公し、その限りで「家」が相続できる立場にあった武士・家臣としてできず、むしろ家禄が減少した由緒を持つ者としては、立身も考えなくはなかったろう。廻船改役《かいせんあらためやく》、京都役、近習役など、就いたさまざまな役人として、彼なりに真摯《しんし》にあたっていく。久敬は、役人として、文人として、生きてきたのである。

戦闘者という本質を持つ武士であっても、文人として文事に興味を持ち、それを実践する武士家臣は例外といえるような存在ではないだろうが、文人に徹するのができないもどかしさを持った人びとも、久敬のみならず、少なからずいたろう。それは、やはり浅香久敬のような隠者への憧憬を、武士階層が持っていたことにもよろう。

自らも文人といえる天野信景《あまのさだかげ》は、

嗚呼《ああ》今の人、我何の望《のぞみ》なし、衣食尋常にたりて、身《み》閑《しずか》に山川の景物を観は可なりと、是実に得易《えやす》からんや。凡《およ》そ清楽《しんがく》（清国から伝来した民謡、俗曲などの音楽）は功名爵禄の能及ぶ処にあらず、然《しか》るに世人富貴《せじんふうき》を貪《むさぼ》りて清楽を知らず、身を危地に置く（『塩尻』三、『日本随筆大成』〔第三期〕一五巻、三九三頁）

と、「功名爵禄」つまり立身出世とは無縁の「清楽」に象徴される境地、これを「衣食」が足りて「富貴を貪」る「今の人」は知らず、そのような人びとは「身を危地」に置いているともいう。いわば、「山川の景物」を愛でる静かな心身とは異質な「功名爵禄」や「富貴」を追う私欲は、身を滅ぼすのである。

しかし、江戸時代の武士たちにとり、そのような私欲は、格を軸としたいわば閉鎖的で硬直した秩序社会のなかで、主体的に生きる原動力にもなったというべきかもしれない。それが「武士」らしい生き方かどうかはともかく、少なくとも人間らしい生き方であるのは間違いないだろう。ただ、その私欲をコントロールできるのも、理性ある人間であることに気づいていない人びとが少なくないのも、また事実であろう。

武士の欲求膨張とコントロール——エピローグ

時代の変化

江戸時代の武士は「五十年勤《つとめ》七十余に及《およぶ》御《お》番《ばん》御《ご》免《めん》ハ役金《やくきん》も出す」（番衆狂歌）というように、七〇歳定年が幕臣《ばくしん》・旗本《はたもと》のみならず、大名家臣も一般的だったようだ（『藩法集』徳島藩・龍野藩など）。

ただ、武士の本質は、人を殺傷する戦闘者である。もっとも江戸時代、当時の人びとが「静謐《せいひつ》」「泰平」と思えるような平和な時代が続いた。武士たちは、もはや合戦の場で武功をあげ、恩賞《おんしょう》にあずかり、家中《かちゅう》社会でより高いステータスを得て、自分そして「家」の名誉を高めることは期待できなくなった。考えてみれば、江戸の武士は皮肉な時代に生まれたとも思える。いわば静かな臨戦体制（江戸時代の幕藩制は軍事政権としての性格を持つ）のなか、殺傷技術（武芸）の鍛錬にいそしまなくてはならなかったが、自分たちの生きざまに疑問を持ち、葛藤《かっとう》をおぼえた者もいたろう。『武道初心集《ぶどうしょしんしゅう》』を著した大道寺友山《だいどうじゆうざん》や『葉隠《はがくれ》』の口述者である山本常朝《やまもとつねとも》なども、そのような武士たちの一人といえる。

　時代は確実に変わった。室町時代の後半から戦国時代にかけ、土一揆《どいっき》・国一揆《くにいっき》や一向一《いっこういっ》揆《き》など、さまざまな民の力を見せつけられた武士たちが選択したのは、民の生活を安定させる政治（仁政《じんせい》などと表現）であった。もちろんこれは、戦さに必要な兵糧や人夫役（物資輸送の労働力）を提供する民あっての武士、という考えが根底にあろう。しかし、かかる民を大事にする政治を行なう役人という資質・能力が、武士・家臣たちに求められてきた。それが結局は、殿様（主君）を助けるのであり、「士《さむらい》の道」や「侍の筋目《すじめ》」などと呼ばれ、殿様たちは現実的とはいえなくなった戦場《いくさば》での奮闘ではなく、民政での尽力を家臣たちに求めるようになる。

　それは「畳の上の奉公」である。人はけっして完全ではなく、欠点に目を奪われて、各人がそれぞれ持つ才能が活かされないのは、優れた役儀《やくぎ》、安民《あんみん》（民に安定した生活を保障する）の一助を失うとし、家臣それぞれの才能の調和が民を治める殿様（国君《こっくん》）のためになると考えられたのである。

しかしながら、武士・家臣たちの奉公に対する考え方も次第に変わってきた。大過なくやり過ごし、組織（家中社会）のなかで適当にこなし、とにかく問題が生じないことだけを思いながら奉公（勤務）する人たちがいた。このような者は、与えられた仕事こそそつなくこなすだろうが、それ以上のものではない。自分の定見を持たない人びとが、社会のさまざまな変化に対応する施策を立案し、実行できるわけでもない。したがって、組織の上層部は、仕事に前向きな、やる気のある家臣を求めるようになる。

奉公と人事評価

実際に、職場へ遅刻し、またアフターファイブのことを思って上司の早い退出を待ち望んだり、経費自弁の出張（旅役）を嫌がる家臣たちもいた。幕府や諸藩の財政は次第に窮乏の傾向が強くなり、家臣への俸禄《ほうろく》も減禄（減給）されていく。武士・家臣にとり役儀・仕事、すなわち奉公は、「御為」つまり主君へ命をかけて果たすべき性格を本来は持つが、俸禄の減少が奉公へのモチベーションを下げるということもあったろう。

江戸時代では、次第に職務規程が整って人事評価もなされるようになり、このような家臣たちは低評価になろう。ただ、その人事評価制度は、実力を基本にした客観性を十分に備えているわけではなかった。年功序列を軸にしながらも次第に成果主義に、また試験制度を通じた能力主義の流れが、とくに江戸時代の中頃以降には強くなる。子供・青年期に、兵書を含む儒学書や和書などの幅広い読書にいそしむ人びともあった。

ただ、格（家格）や面子《めんつ》の傷つくのを恐れた武士が試験準備に没頭し、日常的なことが疎《おろそ》かになるため、試験制度廃止を訴える藩校（藩の武士教育機関）関係者がいたり、また、試験結果よりも家格が重視されることもあった。

家格は武士・家臣にとり、厳然とした制度である。高い家格の家臣が、高成績で抜擢された家格の低い家臣に使われるのは、彼らのプライドに関わる。その結果、試験成績よりも家格を反映した人事が行なわれ、客観性に欠けた。もっとも、試験制度は努力（出精）する者の励みになるという意見も当然ある。

他方、新しい時期に取り立てられた新参家臣が成果をあげても、古参（譜代）の家臣たちはそれを認めようとしない。試験競争に勝ち抜き、また自分の努力・能力で成果をあげたところで、高家格の家臣からは疎《うと》んじられる。家格の上下にかかわらず、不公平感はそれぞれの立場で払拭されないのだ。

人間関係への執心

組織での仕事は、程度の差はあるものの、人間関係のなかで展開する。日頃から、職場の良好な人間関係に心砕く者もいた。自分の意見を積極的にいわず、ただじっとしているのも、他人からの非難回避だろう。あるいは上司との快い関係構築のために、挨拶や届け物を心がける者があり、言葉遣いや立ち振る舞いに細心の注意を払うのは職場で当然なこと、という考え方も定着していく。

なかには、かかる人間関係作りに強く執心する者たちもいた。いわゆる追従やへつらい、弁舌を駆使して上司に取り入ったり、金品、はなはだしい場合には女性を差し出す者もあったようだ。客観的な人事評価が難しく、努力も実らず、結局、人事を動かすのも人ではないか、という思いを強く抱く人びとが、かかる行為に出るのだろう。

江戸時代、とりわけ「人柄」は、評価の重要ポイントであったものの、平等性に欠け、不正といえる行為でも、必要悪と考えられていた面があろう。減給や生活水準の向上などを背景に、家臣たちの家計が苦しくなるなか、また、さらなる私利を求め、私欲を満足させるために、役得・利権が得られる役職ポストへの出世・昇進は、魅力あるものであった。

このような、一面では意欲的な人材が、かえって必要ともされた。問題が生じないように、ただおとなしいばかりの者より、自己主張が強く上昇志向がある脂ぎった者が、組織の活性化にはよほど役立つのだ。

以上のごとく、武士・家臣たちは七〇の定年まで、さまざまな思いを抱き、それぞれの人生を歩んだだろうが、そこに家格を超えた、また家格内での立身出世を望むのは、何も特別な存在ではなかった。

「武士道とは死ぬことと見つけたり」（『葉隠』）というときの本音は、人間関係に留意しながらも、競争心で家老に取り立てられ、殿様を諫《いさ》めるのが最高の奉公というものだった。福岡藩のある家臣は、文事と財務能力、そして賄賂も使いながら出世を遂げた。また、加賀藩の文事を志すある武士は、隠者《いんじゃ》への憧れと立身を果たせる役人という立場との間で揺らぐ思いを抱きつつ、いくつかの作品を書き残したのであった。

人は結局は土に帰るもの

武士のなかには、勤務過程で病気を患う者もいた。江戸時代中頃の尾張《おわり》藩士・天野信景《あまのさだかげ》は、富貴栄達しても病はつきものだとして、次のように述べたと伝わる。

多くの医者が東西南北に奔走し暇がないのは、世人に病痾《びょうあ》（なかなか治らない病気）が絶えないからである。貴賤、老幼をとわず、疾病に苦しむのは、「人間の一患」で、人が病を患うのはむしろ自然なことなのだ。「たとひ富貴栄達すといへども、よく口を開て、歓楽する事幾ばくぞや」と、高いステータスを得たところで、出世競争に勝ち抜くのに汲々としては人生を楽しむどころではない。「一生の光陰は、隙駒《げきく》の如く」、所詮人の一生などあっという間である。短い人生、無理して病気に罹るより、もっと豊かで人として楽しむあり方はないのか。

さらに続く。

終に場の夢ときへ侍る世態、そも誰がためにか心身をくるしみ侍るべき。貴賤老少、同じく原上の土に帰して、名のみ残し侍るものを

結局、人は富を得て出世したとしても、誰のために心身を苦しめるのか。いわばレースに勝った者も負けた者も、最後は皆、死んで土に帰り、そこには名が残るのみなのである（以上、天野信景『塩尻拾遺』『日本随筆大成』〔第三期〕一七巻所収、二八七頁）。

それでも目指されるステップアップ　武士道書などの道徳倫理書が多く創られるなか、慎み・潔さや自己犠牲の精神を兼備した、いわば理想的な人間像のタイプとして武士がイメージされがちである。たとえば、近世後期、貧困で荒廃した民による生活規律の獲得のために、武士層が倫理の理想とされ（安丸良夫『安丸良夫集1　民衆思想史の立場』）、また、武士は日本人の理想型として欧米社会に紹介されたりもした（新渡戸稲造『武士道』）。

しかし本書は、江戸時代の生身の武士たちの姿を追うことに努めた。その対象は相応に

研究が進み、個人的記録も残す幕臣《ばくしん》・旗本《はたもと》ではなく、江戸時代の武士のより一般的な姿が看て取れる大名家臣を軸とした。江戸時代の武士たちは、主君の「御為《おんため》」にもっぱら役人として奉公するのを要求されつつも、私欲を軸にした思いを持つ言動を取った。

公の立場を重視し、出世そのものを目的とする手段を取るのは忌避《きひ》され、その抑制が求められた。しかし、欲求は人の生きる原動力であり、それをエネルギーとして、厳格な身分制社会のなかでも、教育の力や人間関係への配慮、場合によっては金も使うという、さまざまなやり方で立身出世という自己実現を、したたかに勝ち取る者たちが現実には多くいた。もちろん一方では、降格、さらに挫折の憂き目をみる者もあった。武士道書はそのような武士のあり方を合理化する側面を持ち、奉公書にはかかるにじむ思いが透けてみえ、文事に出世をめぐる複雑な気持ちが投影される場合もあったのである。

公共性と自己欲求のバランス

そのような姿に、現代人として共感でき、教えられる面があるかもしれないし、倫理的観点から受容しがたい部分もあろう。ただ、それらは武士・家臣たちの一面の実像であり、それの一方的な賞賛や断罪が本書の意図でもない。

むしろ、自分を大事にする武士道的なイメージと、私欲を持ち、私利を追う江戸時代の武士の価値観は、ともに領知を直接支配した領主としての自立性に系譜すると考えられる。そして江戸時代の武士たちは、公共性と自己欲求のバランスをどのように取るのかという立場にあったといえるのかもしれない。民が納める年貢《ねんぐ》を税とみれば、その内から俸給を得る武士・家臣はいわば公務員ともいえよう。

彼らには民の生活を安定させる治政が期待されており、その意味で自身を抑制し、公共的な社会を創る立場にあったが、身分制という閉塞的な環境で、ある種の上昇志向を持つのが自己の欲求を満足させる大きな手段でもあり、それは緩やかな個人主義とでも呼べようか。ただ、後者に重きを置きすぎると、公共的ないし社会的存在ということを忘却し、私利獲得のために手段を選ばない、ということにもなりかねない。換言すれば、他者への想像力を持ちつつ、自己の実現も目指す。これは江戸時代の武士たちに限らず、さまざまな歴史過程で、人びとや地域社会間、あるいは民族や国家相互にもいえる、普遍的かつグローバルな観点かもしれない。

いささか大仰になったが、ともかく江戸時代の武士たちについて、本書のような観点から捉えるのも可能かもしれない。きびしい身分制、格式社会のなかで閉塞感もあったろう現実のなか、武士たちは自己を拠《よりどころ》に、したたかに生きようとしていた。かかる武士たちによる上昇志向と、個人の向上と国家・社会への貢献という二重の意味を色濃く持つようになったと考えられる近代的な立身出世観との異同は、検討されるべき興味深い問題だろう。

あとがき

『歴史文化ライブラリー』の一冊として、「武士の出世競争」の内容で執筆のお誘いを受け、すでに五年ほどになる。きっかけは、『〈江戸〉の人と身分』シリーズの『権威と上昇願望』という巻で、「武士の昇進」という原稿を書かせていただいたことによる。お誘いの意図は、武士のライフサイクル論としての出世コースのあぶり出しであった。そこで、奉公書や由緒書の類をひっくり返し、武士（家臣）の階層別の履歴パターンを設定する試みを考えた。ただその前に、私自身が気になっていたことがある。そもそも江戸時代の武士はどのような思いで働いていたのかということだ。

平安時代中期の一〇世紀頃に「日本史」に登場した武士は、江戸時代が終わる一九世紀の半ばまで、歴史的な役割を果たしてきたが、「泰平」という平和の時代の到来のなか、その性格は変わった。

平和な世の中だから、武士の人数は減らすべきだし、それが出来なければ、せめて給料を削るべきだ。合戦で死ぬ思いするくらいなら、減給など武士にとっては容易いことだろう。それをしないから、民に課される税は高いままなのだ

（本居宣長『秘本たまくしげ』）

「国学」の大成者とされる宣長であっても、市井の庶民であり、このような感覚や眼差しを武士たちは受け止めざる得ないだろう。江戸時代は、彼らにとり生きづらかったかもしれない。

戦功の機会が与えられず、その社会的な存在意義さえ疑われかねない武士たち。経験したことがない時代に、いわばパフォーマンスをみせて新たな自分をアピールする武士もいれば、目立たず失敗せず非難の風にさらされないことに徹しようとした武士もいた。仕事とはあまり関係ない趣味の世界に浸る者もいる。本書はかかる武士の働く（奉公）さまざまな思いを浮き彫りにするのを主眼に書かせてもらった。

ただ、私にとり本書は図らずも特別な存在となった。まず、想定外の病気を罹患し、自身の働き方にも不安を抱くなか、働く意味の洞察はむしろ私自身を勇気づけるものになった。また重度の知的障害を持つ息子が、店で玉葱をみながら「ネギ、ネギ」と指さすのは、

福祉施設での農作業にいそしむ自覚を示すのだろうと日頃感じていたので、かかる面からも、人と労働の結びつきをめぐり考え込んだ。

このようにしてなった原稿を読んで下さった編集者からいただいた、「編集者というよりも一労働者の立場で読んでしまいました」という趣旨の感想は、世辞とは思いつつも嬉しかった。

最後に、遅筆の私に声かけして件の感想まで賜った斎藤信子さん、図版選定から製作全般をご担当いただいた伊藤俊之さんには厚くお礼申し上げたい。とりわけ、依頼の意図とはいささか違う内容にもかかわらず、出版を引き受けて下さった吉川弘文館に深謝する次第である。

働く環境が激変しつつある現代社会、本書が〈働く〉経験をお持ちの多くの方々に関心を持ってもらえれば、望外の喜びである。

二〇一四年一〇月　再校を終えて

高野信治

参考文献

アレキサンダー・ベネット『武士の精神（エトス）とその歩み―武士道の社会思想史的考察』思文閣出版、二〇〇九年
E・H・キンモンス（広田照幸訳）『立身出世の社会史―サムライからサラリーマンへ』玉川大学出版部、一九九五年
池上英子『名誉と順応―サムライ精神の歴史社会学』NTT出版、二〇〇〇年
磯田道史『近世大名家臣団の社会構造』東京大学出版会、二〇〇三年
伊藤昭弘「佐賀藩手明鑓・武藤信邦の生涯」佐賀大学・佐賀学創成プロジェクト編『佐賀学』花乱社、二〇一一年
上原兼善『「名君」の支配論理と藩社会―池田光政とその時代』清文堂出版、二〇一二年
氏家幹人『江戸藩邸物語―戦場から街角へ』（『中公新書』八八三）、中央公論社、一九八八年
氏家幹人『武士道とエロス』（『講談社現代新書』一二三九）、講談社、一九九五年
大石慎三郎『将軍と側用人の政治』（『講談社現代新書』一二五七）、講談社、一九九五年
小川恭一『徳川幕府の昇進制度―寛政十年末旗本昇進表』岩田書院、二〇〇六年
笠谷和比古『武士道と日本型能力主義』（『新潮選書』）、新潮社、二〇〇五年
笠谷和比古『武家政治の源流と展開―近世武家社会研究論考』清文堂出版、二〇一一年

笠谷和比古『武士道—侍社会の文化と倫理』ＮＴＴ出版、二〇一四年
金森正也『藩政改革と地域社会—秋田藩の「寛政」と「天保」』清文堂出版、二〇一一年
金森正也「藩校」『週刊朝日百科日本の歴史７　幕藩体制と「名君」たち』朝日新聞出版、二〇一三年
神坂次郎『元禄武士学—武道初心集を読む』中央公論社、一九八七年
川平敏文「浅香久敬」『語文研究』九〇・九一、二〇〇〇・二〇〇一年
小池喜明『『葉隠』の志—「奉公人」山本常朝』武蔵書院、一九九三年
相良　亨『武士の思想』ぺりかん社、一九八四年
柴多一雄「福岡藩の家臣団」福岡県地方史研究会編『福岡藩分限帳集成』海鳥社、一九九九年
柴田　一『津田永忠—岡山藩郡代』山陽新聞社、一九九〇年
園田英弘・濱名篤・広田照幸『士族の歴史社会学的研究—武士の近代』名古屋大学出版会、一九九五年
高野信治『近世大名家臣団と領主制』吉川弘文館、一九九七年
高野信治「貝原益軒の「武」認識とその行方」『比較社会文化』一五、二〇〇九年ａ
高野信治「近世大名家臣の役勤と人事—福岡藩黒田家を事例に」『九州文化史研究所紀要』五二、二〇〇九年ｂ
高野信治「もう一つの「名利」—「奉公人」の「立身」：『葉隠』の葛藤」『九州文化史研究所紀要』五四、二〇一一年
高柳金芳『江戸時代御家人の生活』雄山閣出版、一九六六年
谷口澄夫『岡山藩政史の研究』塙書房、一九六四年

辻本雅史『近世教育思想史の研究―日本における「公教育」思想の源流』思文閣出版、一九九〇年
中田喜万「武士と学問と官僚制」苅部直他編『日本思想史講座3　近世』ぺりかん社、二〇一二年
中村隆嗣「香西頼山と『七種宝納記』」『国文学』（関西大）七八、一九九三年
新見吉治『下級士族の研究』日本学術振興会、一九六五年
新渡戸稲造（矢内原忠雄訳）『武士道』（『岩波文庫』）、岩波書店、二〇〇七年
橋爪大三郎『政治の教室』（『ＰＨＰ新書』一七二）、ＰＨＰ研究所、二〇〇一年
橋本昭彦『江戸幕府試験制度史の研究』風間書房、一九九三年
橋本昭彦「武士の出世と学校」『斯文』一一四、二〇〇六年
原　昭午『加賀藩にみる幕藩制国家成立史論』東京大学出版会、一九八一年
深谷克己『江戸時代の身分願望』（『歴史文化ライブラリー』二二〇）、吉川弘文館、二〇〇六年
福田千鶴『幕藩制的秩序と御家騒動』校倉書房、一九九九年
藤井讓治「幕藩官僚制の形成」辻達也・朝尾直弘編『日本の近世3　支配のしくみ』中央公論社、一九九一年
藤井讓治『江戸時代の官僚制』青木書店、一九九九年
藤井讓治『幕藩領主の権力構造』岩波書店、二〇〇二年
三木俊秋「幕藩体制内に於ける藩家老の行政意識について（二）」『神戸女学院大学論集』二一の二、一九七四年
岬龍一郎『日本人の品格―新渡戸稲造の「武士道」に学ぶ』（『ＰＨＰ文庫』）、ＰＨＰ研究所、二〇〇六

年
三島由紀夫『葉隠入門』光文社、一九六七年
三田村鳶魚『三田村鳶魚全集』第二三巻、中央公論社、一九八三年
森下　徹『武士という身分―城下町萩の大名家臣団』(『歴史文化ライブラリー』三四七)、吉川弘文館、二〇一二年
安丸良夫『安丸良夫集1　民衆思想史の立場』岩波書店、二〇一三年
山本博文『『葉隠』の武士道―誤解された「死狂ひ」の思想』(『PHP新書』一八四)、PHP研究所、二〇〇一年
山本博文『男の嫉妬―武士道の論理と心理』(『ちくま新書』五六〇)、筑摩書房、二〇〇五年
山本博文『旗本たちの昇進競争―鬼平と出世』(『角川ソフィア文庫』)、角川学芸出版、二〇〇七年
山本博文『武士道の名著―日本人の精神史』(『中公新書』二二四三)、中央公論新社、二〇一三年
渡辺　浩『日本政治思想史―十七～十九世紀』東京大学出版会、二〇一〇年

著者紹介

一九五七年、佐賀県に生まれる

一九八五年、九州大学大学院文学研究科博士後期課程（史学専攻）単位取得退学

現在、九州大学大学院比較社会文化研究院教授

主要著書

『近世大名家臣団と領主制』（吉川弘文館、一九九七年）

『藩国と藩輔の構図』（名著出版、二〇〇二年）

『近世領主支配と地域社会』（校倉書房、二〇〇九年）

『大名の相貌―時代性とイメージ化―』（シリーズ士の系譜①、清文堂出版、二〇一四年）

歴史文化ライブラリー
393

武士の奉公 本音と建前
江戸時代の出世と処世術

二〇一五年（平成二十七）一月一日 第一刷発行

著　者　高《たか》野《の》信《のぶ》治《はる》

発行者　吉川道郎

発行所　株式会社 吉川弘文館

東京都文京区本郷七丁目二番八号
郵便番号一一三―〇〇三三
電話〇三―三八一三―九一五一〈代表〉
振替口座〇〇一〇〇―五―二四四
http://www.yoshikawa-k.co.jp/

印刷＝株式会社 平文社
製本＝ナショナル製本協同組合
装幀＝清水良洋・宮崎萌美

ISBN978-4-642-05793-6

歴史文化ライブラリー

1996.10

刊行のことば

現今の日本および国際社会は、さまざまな面で大変動の時代を迎えておりますが、近づきつつある二十一世紀は人類史の到達点として、物質的な繁栄のみならず文化や自然・社会環境を謳歌できる平和な社会でなければなりません。しかしながら高度成長・技術革新にともなう急激な変貌は「自己本位な刹那主義」の風潮を生みだし、先人が築いてきた歴史や文化に学ぶ余裕もなく、いまだ明るい人類の将来が展望できていないようにも見えます。このような状況を踏まえ、よりよい二十一世紀社会を築くために、人類誕生から現在に至る「人類の遺産・教訓」としてのあらゆる分野の歴史と文化を「歴史文化ライブラリー」として刊行することといたしました。

小社は、安政四年（一八五七）の創業以来、一貫して歴史学を中心とした専門出版社として書籍を刊行しつづけてまいりました。その経験を生かし、学問成果にもとづいた本叢書を刊行し社会的要請に応えて行きたいと考えております。

現代は、マスメディアが発達した高度情報化社会といわれますが、私どもはあくまでも活字を主体とした出版こそ、ものの本質を考える基礎と信じ、本叢書をとおして社会に訴えてまいりたいと思います。これから生まれでる一冊一冊が、それぞれの読者を知的冒険の旅へと誘い、希望に満ちた人類の未来を構築する糧となれば幸いです。

吉川弘文館

歴史文化ライブラリー

近世史

- 神君家康の誕生 東照宮と権現様 —— 曽根原 理
- 江戸の政権交代と武家屋敷 —— 岩本 馨
- 江戸御留守居役 近世の外交官 —— 笠谷和比古
- 検証 島原天草一揆 —— 大橋幸泰
- 隠居大名の江戸暮らし 年中行事と食生活 —— 江後迪子
- 大名行列を解剖する 江戸の人材派遣 —— 根岸茂夫
- 江戸大名の本家と分家 —— 野口朋隆
- 赤穂浪士の実像 —— 谷口眞子
- 〈甲賀忍者〉の実像 —— 藤田和敏
- 江戸の武家名鑑 武鑑と出版競争 —— 藤實久美子
- 武士という身分 城下町萩の大名家臣団 —— 森下 徹
- 武士の奉公 本音と建前 江戸時代の出世と処世術 —— 高野信治
- 宮中のシェフ、鶴をさばく 江戸時代の朝廷と庖丁道 —— 西村慎太郎
- 江戸時代の孝行者 「孝義録」の世界 —— 菅野則子
- 死者のはたらきと江戸時代 遺訓・家訓・辞世 —— 深谷克己
- 近世の百姓世界 —— 白川部達夫
- 江戸の寺社めぐり 鎌倉・江ノ島・お伊勢さん —— 原 淳一郎
- 宿場の日本史 街道に生きる —— 宇佐美ミサ子
- 〈身売り〉の日本史 人身売買から年季奉公へ —— 下重 清
- 江戸の捨て子たち その肖像 —— 沢山美果子
- 歴史人口学で読む江戸日本 —— 浜野 潔
- それでも江戸は鎖国だったのか オランダ宿日本橋長崎屋 —— 片桐一男
- 江戸の文人サロン 知識人と芸術家たち —— 揖斐 高
- 北斎の謎を解く 生活・芸術・信仰 —— 諏訪春雄
- 江戸と上方 人・モノ・カネ・情報 —— 林 玲子
- エトロフ島 つくられた国境 —— 菊池勇夫
- 災害都市江戸と地下室 —— 小沢詠美子
- 浅間山大噴火 —— 渡辺尚志
- アスファルトの下の江戸 住まいと暮らし —— 寺島孝一
- 江戸時代の医師修業 学問・学統・遊学 —— 海原 亮
- 江戸の流行り病 麻疹騒動はなぜ起こったのか —— 鈴木則子
- 江戸幕府の日本地図 国絵図・城絵図・日本図 —— 川村博忠
- 江戸城が消えていく 『江戸名所図会』の到達点 —— 千葉正樹
- 都市図の系譜と江戸 —— 小澤 弘
- 江戸の地図屋さん 販売競争の舞台裏 —— 俵 元昭
- 近世の仏教 華ひらく思想と文化 —— 末木文美士
- 江戸時代の遊行聖 —— 圭室文雄
- 幕末民衆文化異聞 真宗門徒の四季 —— 奈倉哲三
- 江戸の風刺画 —— 南 和男
- 幕末維新の風刺画 —— 南 和男
- ある文人代官の幕末日記 林鶴梁の日常 —— 保田晴男

歴史文化ライブラリー

幕末の世直し　万人の戦争状態――須田　努
幕末の海防戦略 異国船を隔離せよ――上白石　実
江戸の海外情報ネットワーク――岩下哲典
黒船がやってきた 幕末の情報ネットワーク――岩田みゆき
幕末日本と対外戦争の危機 下関戦争の舞台裏――保谷　徹

近・現代史

幕末明治　横浜写真館物語――斎藤多喜夫
横井小楠 その思想と行動――三上一夫
水戸学と明治維新――吉田俊純
旧幕臣の明治維新 沼津兵学校とその群像――樋口雄彦
大久保利通と明治維新――佐々木　克
維新政府の密偵たち 御庭番と警察のあいだ――大日方純夫
明治維新と豪農 古橋暉皃の生涯――高木俊輔
京都に残った公家たち 華族の近代――刑部芳則
文明開化　失われた風俗――百瀬　響
西南戦争 戦争の大義と動員される民衆――猪飼隆明
明治外交官物語 鹿鳴館の時代――犬塚孝明
自由民権運動の系譜 近代日本の言論の力――稲田雅洋
明治の政治家と信仰 クリスチャン民権家の肖像――小川原正道
福沢諭吉と福住正兄《ふくずみまさえ》 世界と地域の視座――金原左門
日赤の創始者　佐野常民《つねたみ》――吉川龍子
文明開化と差別――今西　一
アマテラスと天皇 〈政治シンボル〉の近代史――千葉　慶
明治の皇室建築 国家が求めた〈和風〉像――小沢朝江
明治神宮の出現――山口輝臣
日清・日露戦争と写真報道 戦場を駆ける写真師たち――井上祐子
博覧会と明治の日本――國　雄行
公園の誕生――小野良平
啄木短歌に時代を読む――近藤典彦
東京都の誕生――藤野　敦
町火消たちの近代 東京の消防史――鈴木　淳
鉄道忌避伝説の謎 汽車が来た町、来なかった町――青木栄一
軍隊を誘致せよ 陸海軍と都市形成――松下孝昭
家庭料理の近代――江原絢子
お米と食の近代史――大豆生田　稔
失業と救済の近代史――加瀬和俊
選挙違反の歴史 ウラからみた日本の一〇〇年――季武嘉也
東京大学物語 まだ君が若かったころ――中野　実
海外観光旅行の誕生――有山輝雄
関東大震災と戒厳令――松尾章一
モダン都市の誕生 大阪の街・東京の街――橋爪紳也
マンガ誕生 大正デモクラシーからの出発――清水　勲

歴史文化ライブラリー

第二次世界大戦 現代世界への転換点——木畑洋一
激動昭和と浜口雄幸——川田 稔
昭和天皇側近たちの戦争——茶谷誠一
海軍将校たちの太平洋戦争——手嶋泰伸
植民地建築紀行 満洲・朝鮮・台湾を歩く——西澤泰彦
帝国日本と植民地都市——橋谷 弘
稲の大東亜共栄圏 帝国日本の〈緑の革命〉——藤原辰史
地図から消えた島々 幻の日本領と南洋探検家たち——長谷川亮一
日中戦争と汪兆銘《おうちょうめい》——小林英夫
「国民歌」を唱和した時代 昭和の大衆歌謡——戸ノ下達也
モダン・ライフと戦争 スクリーンのなかの女性たち——宜野座菜央見
彫刻と戦争の近代——平瀬礼太
特務機関の謀略 諜報とインパール作戦——山本武利
首都防空網と〈空都〉多摩——鈴木芳行
陸軍登戸研究所と謀略戦 科学者たちの戦争——渡辺賢二
〈いのち〉をめぐる近代史 堕胎から人工妊娠中絶へ——岩田重則
戦争とハンセン病——藤野 豊
日米決戦下の格差と平等 銃後信州の食糧・疎開——板垣邦子
「自由の国」の報道統制 大戦下の日系ジャーナリズム——水野剛也
敵国人抑留 戦時下の外国民間人——小宮まゆみ
銃後の社会史 戦死者と遺族——一ノ瀬俊也
海外戦没者の戦後史 遺骨帰還と慰霊——浜井和史
国民学校 皇国の道——戸田金一
〈近代沖縄〉の知識人 島袋全発の軌跡——屋嘉比 収
沖縄戦 強制された「集団自決」——林 博史
太平洋戦争と歴史学——阿部 猛
スガモプリズン 戦犯たちの平和運動——内海愛子
戦後政治と自衛隊——佐道明広
米軍基地の歴史 世界ネットワークの形成と展開——林 博史
沖縄 占領下を生き抜く 軍用地・通貨・毒ガス——川平成雄
昭和天皇退位論のゆくえ——冨永 望
紙 芝居 街角のメディア——山本武利
団塊世代の同時代史——天沼 香
闘う女性の20世紀 地域社会と生き方の視点から——伊藤康子
女性史と出会う——総合女性史研究会編
丸山真男の思想史学——板垣哲夫
文化財報道と新聞記者——中村俊介

文化史・誌

楽園の図像 海獣葡萄鏡の誕生——石渡美江
毘沙門天像の誕生 シルクロードの東西文化交流——田辺勝美
世界文化遺産 法隆寺——高田良信
語りかける文化遺産 ピラミッドから安土城・桂離宮まで——神部四郎次

歴史文化ライブラリー

落書きに歴史をよむ――三上喜孝
密教の思想――立川武蔵
霊場の思想――佐藤弘夫
四国遍路 さまざまな祈りの世界――星野英紀・浅川泰宏
跋扈《ばっこ》する怨霊 祟りと鎮魂の日本史――山田雄司
藤原鎌足、時空をかける 変身と再生の日本史――黒田 智
変貌する清盛『平家物語』を書きかえる――樋口大祐
鎌倉 古寺を歩く 宗教都市の風景――松尾剛次
鎌倉大仏の謎――塩澤寛樹
日本禅宗の伝説と歴史――中尾良信
水墨画にあそぶ 禅僧たちの風雅――高橋範子
日本人の他界観――久野 昭
観音浄土に船出した人びと 熊野と補陀落渡海――根井 浄
浦島太郎の日本史――三舟隆之
宗教社会史の構想 真宗門徒の信仰と生活――有元正雄
読経の世界 能読の誕生――清水眞澄
戒名のはなし――藤井正雄
墓と葬送のゆくえ――森 謙二
仏画の見かた 描かれた仏たち――中野照男
ほとけを造った人びと 止利仏師から運慶・快慶まで――根立研介
〈日本美術〉の発見 岡倉天心がめざしたもの――吉田千鶴子
祇園祭 祝祭の京都――川嶋將生
茶の湯の文化史 近世の茶人たち――谷端昭夫
海を渡った陶磁器――大橋康二
時代劇と風俗考証 やさしい有職故実入門――二木謙一
歌舞伎の源流――諏訪春雄
歌舞伎と人形浄瑠璃――田口章子
落語の博物誌 江戸の文化を読む――岩崎均史
大江戸飼い鳥草紙 江戸のペットブーム――細川博昭
神社の本殿 建築にみる神の空間――三浦正幸
古建築修復に生きる 屋根職人の世界――原田多加司
大工道具の文明史 日本・中国・ヨーロッパの建築技術――渡邉 晶
風水と家相の歴史――宮内貴久
日本人の姓・苗字・名前 人名に刻まれた歴史――大藤 修
読みにくい名前はなぜ増えたか――佐藤 稔
数え方の日本史――三保忠夫
大相撲行司の世界――根間弘海
武道の誕生――井上 俊
日本料理の歴史――熊倉功夫
吉兆 湯木貞一 料理の道――末廣幸代
アイヌ文化誌ノート――佐々木利和
宮本武蔵の読まれ方――櫻井良樹

歴史文化ライブラリー

歴史文化ライブラリー

魔女裁判 魔術と民衆のドイツ史——牟田和男
フランスの中世社会 王と貴族たちの軌跡——渡辺節夫
ヒトラーのニュルンベルク 第三帝国の光と闇——芝 健介
スカルノ インドネシア「建国の父」と日本——後藤乾一・山﨑 功
人権の思想史——浜林正夫
グローバル時代の世界史の読み方——宮崎正勝

考古学

農耕の起源を探る イネの来た道——宮本一夫
O脚だったかもしれない縄文人 人骨は語る——谷畑美帆
老人と子供の考古学——山田康弘
吉野ケ里遺跡 保存と活用への道——納富敏雄
〈新〉弥生時代 五〇〇年早かった水田稲作——藤尾慎一郎
交流する弥生人 金印国家群の時代の生活誌——高倉洋彰
古　墳——土生田純之
銭の考古学——鈴木公雄
太平洋戦争と考古学——坂詰秀一

古代史

邪馬台国 魏使が歩いた道——丸山雍成
邪馬台国の滅亡 大和王権の征服戦争——若井敏明
日本語の誕生 古代の文字と表記——沖森卓也
日本国号の歴史——小林敏男
古事記の歴史意識——矢嶋 泉
古事記のひみつ 歴史書の成立——三浦佑之
日本神話を語ろう イザナキ・イザナミの物語——中村修也
東アジアの日本書紀 歴史書の誕生——遠藤慶太
〈聖徳太子〉の誕生——大山誠一
聖徳太子と飛鳥仏教——曾根正人
倭国と渡来人 交錯する「内」と「外」——田中史生
大和の豪族と渡来人 葛城・蘇我氏と大伴・物部氏——加藤謙吉
古代豪族と武士の誕生——森 公章
飛鳥の宮と藤原京 よみがえる古代王宮——林部 均
古代出雲——前田晴人
エミシ・エゾからアイヌへ——児島恭子
悲運の遣唐僧 円載の数奇な生涯——佐伯有清
遣唐使の見た中国——古瀬奈津子
古代の皇位継承 天武系皇統は実在したか——遠山美都男
持統女帝と皇位継承——倉本一宏
古代天皇家の婚姻戦略——荒木敏夫
高松塚・キトラ古墳の謎——山本忠尚
壬申の乱を読み解く——早川万年
家族の古代史 恋愛・結婚・子育て——梅村恵子
万葉集と古代史——直木孝次郎

歴史文化ライブラリー

大飢饉、室町社会を襲う！――清水克行
贈答と宴会の中世――盛本昌広
中世の借金事情――井原今朝男
庭園の中世史 足利義政と東山山荘――飛田範夫
土一揆の時代――神田千里
山城国一揆と戦国社会――川岡 勉
一休とは何か――今泉淑夫
中世武士の城――齋藤慎一
武田信玄――平山 優
歴史の旅 武田信玄を歩く――秋山 敬
武田信玄像の謎――藤本正行
戦国大名の危機管理――黒田基樹
戦乱の中の情報伝達 使者がつなぐ中世京都と在地――酒井紀美
戦国時代の足利将軍――山田康弘
名前と権力の中世史 室町将軍の朝廷戦略――水野智之
戦国を生きた公家の妻たち――後藤みち子
鉄砲と戦国合戦――宇田川武久
検証 長篠合戦――平山 優
よみがえる安土城――木戸雅寿
検証 本能寺の変――谷口克広
加藤清正 朝鮮侵略の実像――北島万次
北政所と淀殿 豊臣家を守ろうとした妻たち――小和田哲男
豊臣秀頼――福田千鶴
偽りの外交使節 室町時代の日朝関係――橋本 雄
朝鮮人のみた中世日本――関 周一
ザビエルの同伴者 アンジロー 戦国時代の国際人――岸野 久
海賊たちの中世――金谷匡人
中世 瀬戸内海の旅人たち――山内 譲

各冊一七〇〇円～一九〇〇円（いずれも税別）
▽残部僅少の書目も掲載してあります。品切の節はご容赦下さい。